리만이 들려주는
적분 2 이야기

전현정 지음

NEW
수학자가 들려주는
수학 이야기
69

리만이 들려주는
적분 2 이야기

㈜자음과모음

추천사

수학자라는 거인의 어깨 위에서 보다 멀리, 보다 넓게 바라보는 수학의 세계!

수학 교과서는 대개 '결과'로서의 수학을 연역적으로 제시하는 경향이 강하기 때문에 학생들은 수학이 끊임없이 진화해 왔다고 생각하기 어렵습니다. 그렇지만 수학의 역사는 하나의 문제가 등장하고 그에 대해 많은 수학자가 고심하고 이를 해결하는 가운데 새로운 아이디어가 출현해 온 역동적인 과정입니다.

〈NEW 수학자가 들려주는 수학 이야기〉는 수학 주제의 발생 과정을 수학자들의 목소리를 통해 친근하게 이야기 형식으로 들려주기 때문에 학생들이 수학을 '과거 완료형'이 아닌 '현재 진행형'으로 인식하는 데 도움이 될 것입니다.

학생들이 수학을 어려워하는 요인 중의 하나는 '추상성'이 강한 수학적 사고의 특성과 '구체성'을 선호하는 학생의 사고 사이에 존재하는 간극이며, 이런 간극을 줄이기 위해서 수학의 추상성을 희석시키고 수학 개념과 원리의 설명에 구체성을 부여하는 것이 필요합니다.

〈NEW 수학자가 들려주는 수학 이야기〉는 수학 교과서의 내용을 생동감 있게 재구성함으로써 추상적인 수학을 구체성을 갖는 수학으로 변모시키고 있습니다. 또한 중간중간에 곁들여진 수학자들의 에피소드는 자칫 무료해지기 쉬운 수학 공부에 윤활유 역할을 해 줄 것입니다.

〈NEW 수학자가 들려주는 수학 이야기〉의 구성을 보면 우선 수학자의 업적을 개략적으로 소개하고, 6~9개의 강의를 통해 수학 내적 세계와 외적 세계, 교실 안과 밖을 넘나들며 수학 개념과 원리를 소개한 후 마지막으로 강의에서 다룬 내용을 정리합니다.

이런 책의 흐름을 따라 읽다 보면 각각의 도서가 다루고 있는 주제에 대한 전체적이고 통합적인 이해가 가능하도록 구성되어 있습니다. 〈NEW 수학자가 들려주는 수학 이야기〉는 학교 수학 교과 과정과 긴밀하게 맞물려 있으며, 전체 시리즈를 통해 학교 수학의 많은 내용들을 다룹니다. 따라서 〈NEW 수학자가 들려주는 수학 이야기〉를 학교 수학 공부와 병행하면서 읽는다면 교과서 내용의 소화 흡수를 도울 수 있는 효소 역할을 할 것입니다.

뉴턴이 'On the shoulders of giants'라는 표현을 썼던 것처럼, 수학자라는 거인의 어깨 위에서는 보다 멀리, 넓게 바라볼 수 있습니다. 학생들이 〈NEW 수학자가 들려주는 수학 이야기〉를 읽으면서 각 수학자의 어깨 위에서 보다 수월하게 수학의 세계를 내다보는 기회를 갖기를 바랍니다.

홍익대학교 수학교육과 교수 | 《수학 콘서트》 저자 박경미

> 책머리에

세상의 진리를 수학으로 꿰뚫어 보는 맛
그 맛을 경험시켜 주는 '적분 2' 이야기

흔히 '수학을 배워서 어디에 써먹어?'라고 말하면서 수학은 관념의 학문이며 머릿속에 존재하는 것이라 생각하기 쉽습니다. 하지만 수학은 오히려 '필요'에 의해 발전해 왔습니다. 홍수를 막기 위해 댐을 만들고, 비바람을 피하기 위해 건축물을 만들고, 계절의 규칙을 발견하고, 원하는 만큼의 길이나 넓이, 부피 등을 측량할 필요가 생긴 거죠. 그러다 보니 기하학이 먼저 발전을 하기 시작했고 기하학의 성질이 많이 정리되기도 했습니다.

우리는 대체로 미분을 먼저 배우고 난 후에 적분을 공부하지만 일정하지 않은 모양의 넓이를 어떻게 하면 좀 더 정확하게 계산할 수 있을까 하는 생각 때문에 역사적으로는 미분보다 적분이 먼저 발견되지 않았을까 여겨집니다. 후에 미분과 적분의 관계를 연구하게 되고, 이들 분야가 할 수 있는 일이 굉장히 무궁무진하다는 것이 밝혀진 것은 좌표를 사용하고 함수와 연관 지었기 때문에 가능한 일이기도 합니다. 삼각함수를 사용하여 파동을 보다 간단하게 수식화할 수 있었고, 이를 미분과 적분을 이용하여 분석하고 활용할 수 있었기 때문에 우리는 음파, 전자기파 등을 사용하는 휴대 전화나 컴퓨터 인터넷 등을 자유롭게 사용할 수 있습니다. 오히려 수학이 발전하고, 이를 잘 활용했기 때문에 우리의 생활은 보다 편하고 빨라진 것입니다. 때문에 수학은 정말 우리가 일상생활에서 잘 '써먹고' 있는 셈이 됩니다.

《리만이 들려주는 적분 2 이야기》는 교과서에서 수식으로만 정리되는 이야기를 좀 더 근본적인 출현 배경을 통해 같이 접근해 나갈 수 있기를 바라면서, 적분에서 주로 사용하는 내용은 어떤 것이며 이 아이디어를 어떻게 수식으로 정리해 나가는지 보여 주도록 초점을 맞추었습니다. 적분 계산은 잘하지만 정작 적분이 무엇인지, 왜 필요한지, 어떤 생각이 주된 내용인지를 모른다면 그저 단순하게 계산만 잘하는 기계일 뿐입니다. 적분을 깊게 공부해야 하는 경우에는 좀 더 동기 부여를 해 주고, 교양 수학을 읽는다는 기분으로 이 책을 접하는 분들에게는 적분이란 무엇인지에 대한 큰 그림을 그릴 수 있도록 하는 데 도움이 되리라 기대해 봅니다.

수학은 오해와 선입견으로 그 진정한 의미와 재미를 느껴 보기 전에 거부되는 경우가 종종 있는데, 이 책이 조금이나마 그런 오해를 깨는 데 작은 힘이 되기를 기원합니다.

전현정

차례

추천사	4
책머리에	6
100% 활용하기	10
리만의 개념 체크	18

1교시
적분으로 길이도 잴 수 있다   29

2교시
넓이를 미분하면 길이인가   51

3교시
부피는 단면적들의 합   71

4교시
구의 부피와 겉넓이   93

5교시
부정적분과 정적분   111

6교시
원시함수 구하기   129

7교시
넓이와 부피, 그리고 회전체   151

8교시
부분적분과 치환적분   179

1 이 책은 달라요

《리만이 들려주는 적분 2 이야기》는 다소 따분할지도 모르는 적분 이야기를 친근한 내용부터 접근해 나가면서 그 필요성을 깨닫고, 이를 차근차근 수식화하는 과정까지 안내해 줍니다.

리만 선생님과 제자인 스텔라가 퀴즈쇼에 출연하면서, 한 단계씩 높아가는 적분의 다양한 문제를 풀어 가며 생각의 확장을 가능케 해 줍니다. 한 가지 문제를 다양한 시각에서 접근해 보고, 퀴즈가 진행될수록 긴장감도 주면서 같이 퀴즈쇼에 출연해 함께 문제를 해결하며 이야기를 풀어 나갑니다. 적분의 의미를 도형에서 시작해서, 충분히 그 내용을 습득한 후에 같은 이야기를 수식으로도 정리할 수 있도록 해 줍니다.

사실 적분은 다른 기본 지식이 충분히 습득이 되어야 가능한 내용이지만 간단히 필요한 내용을 미리 정리하여 기억을 되살리고 또 책을 읽어 나가는 데 큰 무리가 없도록 되어 있습니다. 적분 계산을 습득하기 전에 적분의 의미를 깨닫고 의미와 수식의 관계를 알기에 적합하고, 또 적분을 새로운 시각으로 바라볼 수 있도록 하는 데 좋은 기회를 주는 책입니다.

2 이런 점이 좋아요

　이 책은 따분하게 수식만 전개한 적분 문제집이 아닙니다. 수식 하나 없이 적분의 의미와 적분에서 주로 다루는 내용을 충분히 익힌 후, 수식화해 나가는 과정을 보여 주기 때문에 책의 내용을 따라가면서 자연스럽게 적분을 이해할 수 있습니다.

　더군다나 퀴즈쇼라는 긴장감 넘치는 과정을 함께하면서 그 사이에서 겪게 되는 설명의 부족한 점과 다양한 시각을 엿볼 수 있도록 되어 있습니다. 또 앞에서 나왔던 문제와 해법을 다시 뒤에서 자연스럽게 복습하고, 다르게 표현하는 방법을 배울 수 있기 때문에 이해가 잘되지 않는 부분이나 중요한 내용을 기억할 수 있도록 도와줍니다.

3 교과 연계표

학년	단원(영역)	관련된 수업 주제 (관련된 교과 내용 또는 소단원명)
초 6	도형과 측정	원주율과 원의 넓이
중 1		입체도형의 성질
중 3		삼각비, 원의 성질
고 2(대수)	삼각함수	삼각함수
고 2~3(미적분1)	미분	미분계수
	적분	부정적분, 정적분
고 2~3(미적분2)	미분법	여러 가지 함수의 미분, 여러 가지 미분법
	적분법	여러 가지 함수의 적분법

4 수업 소개

이 책은 선행되어야 하는 내용이 조금 있습니다. 먼저 다른 책들 내용을 습득한 후 읽어도 되고, 궁금한 내용의 책을 나중에 선택해서 읽어도 됩니다. 하지만 이 책에서 필요한 내용은 각 단원의 앞부분에 간단히 정리되어 있으므로 큰 부담 없이 읽어도 됩니다. 먼저 읽으면 좋은 〈NEW 수학자가 들려주는 수학 이야기〉 시리즈는 다음과 같습니다.

《리만이 들려주는 적분 1 이야기》
《히포크라테스가 들려주는 작도 이야기》
《아폴로니우스가 들려주는 이차곡선 1 이야기》

《아폴로니우스가 들려주는 이차곡선 2 이야기》

《푸리에가 들려주는 삼각함수 이야기》

《베일이 들려주는 벡터 이야기》

《뉴턴이 들려주는 미분 1 이야기》

《뉴턴이 들려주는 미분 2 이야기》

《라이프니츠가 들려주는 미분 3 이야기》

《라이프니츠가 들려주는 미분 4 이야기》

《오일러가 들려주는 무한급수 이야기》

《칸토어가 들려주는 무한 이야기》

《슈티펠이 들려주는 지수 이야기》

1교시 적분으로 길이도 잴 수 있다

적분을 활용해서 곡선의 길이를 구할 수 있습니다.

- 선행 학습 : 이차곡선의 정의, 적분의 기본 의미, 간단한 삼각비
- 학습 방법 :《리만이 들려주는 적분 1 이야기》를 간단하게나마 읽어서 적분의 기본 개념을 알고 있다면 좀 더 쉽게 이해할 수 있습니다.

2교시 넓이를 미분하면 길이인가

넓이를 미분하면 과연 길이가 되는지 안 되는지, 안 된다면 어떤 경우가 그런지를 살펴봅니다.

- 선행 학습 : 원과 타원의 정의, 미분의 정의와 미분법
- 학습 방법 : 미리 주제를 보고, 자신의 생각을 정리해 보고, 책을 읽으면서 비교해 나가면 더 좋습니다. 꼭 공식을 사용하지 않더라도 자신만의 방법을 찾아보는 것이 중요합니다.

3교시 부피는 단면적들의 합

단면적을 알면 부피를 구할 수 있습니다.

- 선행 학습 : 사각형의 넓이, 입체의 부피 구하기, 뿔의 부피 구하기
- 학습 방법 : 기본적인 입체들의 부피를 이용해서 부피를 구하는 방법을 생각해 봅니다. 또 일정하지 않은 모양의 입체들의 부피를 어떻게 구할 수 있을지도 고민해 보고, 실제 책의 내용을 토대로 부피를 계산해 봅니다.

4교시 구의 부피와 겉넓이

구의 겉넓이를 이용해서 부피를 구할 수 있습니다.

- 선행 학습 : 구의 겉넓이와 부피
- 학습 방법 : 구의 부피를 어떤 방법으로 구할 수 있을지 책에 제시된 것 이외의 방법을 스스로 찾아보는 노력을 해 봅니다. 항상 수학은 한 가지 방법으로만 해결된다는 생각에서 벗어나서 스스로 생각하는 습관이 중요하다는 것을 인지합니다. 정확한 계산이 아니더라도

직관적으로 계획을 세워 보는 것이 중요합니다.

5교시 **부정적분과 정적분**

부정적분과 정적분의 뜻을 알고, 둘 사이의 관계를 이해합니다.
- **선행 학습** : 미분의 정의, 정적분의 뜻
- **학습 방법** : 미분의 정의나 미분의 성질을 간단하게라도 이해한 후, 부정적분과 정적분 사이의 관계를 이해하는 데 집중합니다.

6교시 **원시함수 구하기**

원시함수를 구하고, 구하기 어려운 원시함수를 살펴봅니다.
- **선행 학습** : 여러 가지 미분법, 지수법칙
- **학습 방법** : 여러 가지 함수의 미분법을 습득하고, 이 미분 계산의 반대의 계산이 적분이고 원시함수를 구할 수 있다는 사실을 기억하고, 실제 알고 있는 여러 가지 함수의 원시함수를 구해 보려고 노력해 봅니다.

7교시 **넓이와 부피, 그리고 회전체**

적분을 활용하여 넓이, 부피, 회전체의 부피 등을 구할 수 있습니다.
- **선행 학습** : 여러 가지 미분법, 여러 가지 함수의 개형 그리기
- **학습 방법** : 여섯 번째 수업의 내용에서 배운 여러 가지 함수의 적분법을 충분히 익혀서 기본 공식이나 계산 때문에 힘들지 않도록 미

리 연습해 둡니다. 어떻게 넓이나 부피를 구할지 식을 미리 스스로 세워 보는 것도 좋은 공부 방법이 됩니다.

8교시 부분적분과 치환적분

부분적분과 치환적분의 뜻을 알고, 이를 활용할 수 있습니다.

- **선행 학습** : 곱의 미분법, 합성함수의 미분법, 기본적인 적분법, 삼각함수 공식
- **학습 방법** : 구하기 어려운 원시함수의 경우 부분적분과 치환적분이라는 도구를 이용해서 본인이 적분할 수 있는 형태의 함수로 변형시키는 데 중점을 두고 스스로 아이디어를 내도록 노력합니다. 적분하기 어려운 형태로 갈수록, 단순히 적분법을 암기해서는 도저히 해결할 수 없게 된다는 점을 기억합니다.

리만을 소개합니다

Georg Friedrich Bernhard Riemann(1826~1866)

나는 어렸을 때 꽤 내성적인 성격에 몸도 허약했고 목사인 아버지를 따라 신학을 공부했지만 성경을 공부하면서도 자꾸 관심은 수학으로 돌아가곤 했죠. 심지어 창세기의 정확성을 수학적으로 증명해 보려는 생각까지 했으니까요.

유클리드 기하학은 무모순성의 결론과 함께 새로운 기하학을 발견했는데, 여기에 한몫을 한 사람이 바로 나, 리만입니다. 비유클리드 기하학의 대표 주자라 해도 과언이 아니지요.

복소함수론 연구는 복소함수의 기하학적인 이론의 기초를 닦아 주었고, 리만 기하학과 일반 상대성 이론의 기초를 만들었으며 최초로 고차원 이론theory of higher dimensions을 제안하여 물리학의 법칙을 혁신적으로 단순화하였습니다.

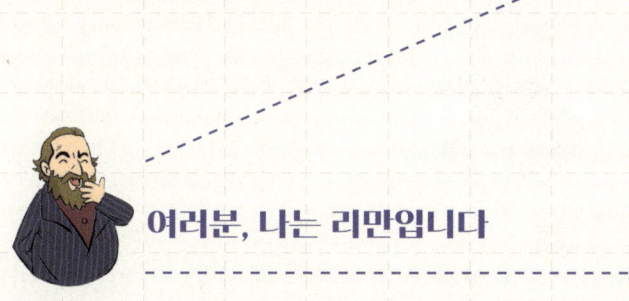

여러분, 나는 리만입니다

나는 리만입니다. 내 이름은 고등학생들도 익숙하지는 않은 것 같아요. 그만큼 고등학교 과정까지 내가 등장하는 경우는 거의 없어요. 하지만 '리만'이라는 이름이 붙은 이론이 많은 만큼 알게 모르게 유명한 수학자입니다.

평행선은 항상, 절대 만나지 않는다고 알고 있죠? 두 직선은 한 점에서 만나거나 일치하거나 혹은 평행해서 만나지 않거나, 이 세 가지의 경우가 있다고 알고 있을 거예요. 하지만 항상 그런 건 아니에요. 놀라지 마세요! '평행선은 만납니다!' 비밀은 의외로 간단해요.

고등학교 때까지 주로 배우는 기하학은 사실 유클리드 기하학이라고 합니다. 평면기하학이라고도 하지요. 유클리드는 굉장한 수학자예요. 그 이전까지의 기하학을 공준 5개만으로 논리적인 연결 고리를 만들어서 13권의 책으로 만들었으니까요. 단순히 내용을 정리한 게 아니라 누구나 증명 없이 받아들일 수 있는 5개의 약속, 즉 5개의 공준만을 가지고 기하학의 내용을 증명한 거니까요. 그런데, 이 유클리드가 증명 없이 받아들이자고 약속한 다섯 번째 공준이 우리 이야기의 발단이 됩니다. 이 다섯 번째 공준은 '한 직선이 두 직선과 만나서 같은 쪽에 있는 내각들의 합이 평각보다 작을 때, 두 직선을 한없이 연장하면 내각들의 합이 평각보다 작은 쪽에서 두 직선은 만난다.'입니다. 다시 말해 '평행선은 만나지 않는다.'는 뜻을 가지고 있는데, 평행선 공준이라고 하지요. 그런데 이 공준이 조금은 복잡해서 증명이 가능하지 않을까 하고 많은 수학자들이 매달렸답니다. 이렇게 2000년이 넘도록 유클리드 기하학의 독주는 계속됐다고 봐야 합니다.

　유클리드 기하학의 다섯 번째 공준을 증명하려는 시도는 그렇게 오랜 세월 동안 계속되었고 결국 동치인 명제만 많이 만들어 내는 결과를 낳게 되죠. 하지만 나의 스승님인 가우스는

이 평행선 공준은 증명 없이 독립적인 내용이 아닐까라는 가능성을 생각해 냈습니다. 이런 생각이 발단이 되어 유클리드 기하학은 무모순성의 결론과 함께 새로운 기하학을 발견했는데, 여기에 한몫을 한 사람이 바로 나, 리만입니다. 비유클리드 기하학의 대표 주자라 해도 과언이 아니지요.

　리만 기하학이라고 하는 이 비유클리드 기하학의 핵심은, 우리가 이야기하고자 하는 기하학을 '어디'에서 논하는가에 따라 다르다는 것입니다. 유클리드는 '평면'에서 이야기했기 때문에 평면이 가진 성질로 인해 '평행선은 만나게' 됩니다. 하지만 만약 평면이 아니라 우리가 살고 있는 지구처럼 구에서 생각하면 이야기가 달라집니다. 예를 들어 어떤 사람이 정확하게 북쪽으로 1km, 다시 동쪽으로 1km, 남쪽으로 1km, 서쪽으로 1km를 가면 어떻게 될까요? 제자리에 돌아온다고요? 아니죠. 구에서 생각하면 제자리로 돌아오지 못하게 됩니다. 굴곡 때문에 나타나는 현상이지요. 따라서 기하학을 생각할 때 얼마만큼 곡면이 굽어져 있는지가 중요한 변수가 될 수 있다는 뜻입니다. 처해 있는 상황에 따라 다르게 나타나서 마치 항상 규칙 없이 변화하는 것처럼 보일지라도, 항상 성립하는 절대적인 진리는 존재하기 마련입니다. 바로 이런 생각이 리만 기하학의 기본 생각이고, 또 이런 생각이 바로 아인슈타인의 일반 상대성 이론에 영향을 준 것입니다.

어떤가요? 상당히 매력 있는 기하학이죠? 수학은 어떻게 보면 모든 게 진리처럼 보이지만 처음에 어떻게 약속을 했느냐에 따라서 다르게 보일 수도 있어요. 세월이 지나더라도 변하지 않는 절대적인 진리가 존재하는 것처럼, 어떤 것이 상대적이고 또 어떤 것이 절대적인 진리인지 알아내는 게 중요하겠죠. 또 무조건 수동적으로 받아들이려고만 하지 말고 갇혀 있는 생각에서 벗어나서 한 번쯤 의문을 갖고 깊이 탐구하는 자세는 참으로 중요한 것 같아요.

아마 그런 태도가 내 성격이면서 습관인지도 모르겠습니다. 어렸을 때 꽤 내성적인 성격에 몸도 허약했고, 목사인 아버지를 따라 신학을 공부했지만 성경을 공부하면서도 자꾸 관심은 수학으로 돌아가곤 했죠. 심지어 창세기의 정확성을 수학적으로 증명해 보려는 생각까지 했으니까요. 남들이 보기엔 말도 안 되는 시도처럼 보이겠지만, 그만큼 정해져 있는 틀에서 벗어나고 명확하게 논리적으로 정리하려는 태도는 아버지와 선생님들을 감동시켰습니다. 결국 신학 대신 수학을 마음껏 공부해도 좋다는 아버지의 허락을 받게 되었으니까요.

　드디어 그렇게도 좋아하는 수학을 공부하게 되고, 번뜩이는 재치와 순발력으로 괴팅겐 대학의 무급 강사로 임명되기 전에 강의한 내용은 아직까지도 사람들의 흥미를 끄는 이야기로 회자됩니다. 하지만 허약한 몸은 결국 폐질환을 가져왔습니다. 그러나 여러 차례 요양하면서도 수학에 대한 끈을 놓지 않았고, 내가 연구한 내용은 수학의 각 분야에서 획기적인 업적을 남겼답니다. 복소함수론 연구는 복소함수의 기하학적인 이론의 기초를 닦아 주었고, 리만 기하학과 일반 상대성 이론의 기초를 만들었습니다. 또한 최초로 고차원 이론theory of higher dimensions을 제안하여 물리학의 법칙을 혁신적으로 단순화했습니다. 내가 못다 한 이야기를 다른 훌륭한 사람들이 잘 활용하고 확장하고 발전시켜 줘서 그나마 마음이 푸근합니다.

　짧지만 그래도 열심히 노력하며 지내면서 두 가지 중요한 생각이 들었습니다. 하나는 역시 건강을 잘 챙겨야겠다는 것입니다. 물론 어쩔 수 없는 경우도 있지만, 스스로 챙길 수 있는 부분은 노력해서 건강을 지키는 건 정말 중요한 것 같아요. 다른 한 가지는, 항상 폭넓고 다양한 시각에서 사물을 바라볼 수 있는 눈을 키워야겠다는 것입니다. 결국 이런 태도가 수학사를 바꾸고, 다른 학문에도 좋은 영향을 주고, 세상을 변화시키는 힘이 되기 때문입니다. 주어진 것을 무조건 아무 생각 없이 암기해서 받아들이지 말고 한 번쯤 궁금증을 가져 보세요. 그 궁금증을 해결하려고 노력하는 태도가 세상의 등불이 되고 희망이 될 거예요.

이제 적분의 기본 생각을 살펴보면서, 우리가 스스로 할 수 있는 것은 어떤 것이 있는지 알아볼 거예요. 항상 너무나 복잡해 보이고 어려워 보이는 것도 알고 보면 간단하고 당연한 생각에서 출발한다는 사실을 아마 느낄 수 있을 겁니다. 자, 이제 머리를 말랑말랑하게 만들 준비 되었죠? 출발합니다!

1교시

적분으로 길이도 잴 수 있다

적분을 활용해서 곡선의 길이를 구해 봅니다.

수업 목표

적분을 활용해서 곡선의 길이를 구할 수 있습니다.

미리 알면 좋아요

1. **원** 중심에서 같은 거리_{반지름}에 있는 점들의 모임입니다. 좌표평면에서 원점을 중심으로 하고 반지름이 r인 원의 방정식은 $x^2+y^2=r^2$입니다.

2. **타원** 두 정점_{움직이지 않는 점, 초점}에서 거리의 합이 일정한 점들의 모임입니다. 중심이 원점이고, 장축의 길이가 $2a$, 단축의 길이가 $2b$인 타원의 방정식은 $\dfrac{x^2}{a^2}+\dfrac{y^2}{b^2}=1$입니다.

3. **적분** 나누어 더한다는 의미를 가지는데, 넓이나 부피를 구하는 데 유용하게 쓰입니다.

4. **작도** 주로 눈금 없는 자와 컴퍼스만을 이용해 여러 가지 도형을 그리는 것으로, 자는 직선을 긋는 용도로만 사용되고 컴퍼스는 원을 그리고 선분의 길이를 옮기는 데 사용됩니다.

5. **삼각비** $\sin\theta$, $\cos\theta$, $\tan\theta$ 직각삼각형에서 세 변의 길이의 비를 말하는데, 다음 그림에서 $\sin\theta=\dfrac{b}{a}$, $\cos\theta=\dfrac{c}{a}$, $\tan\theta=\dfrac{b}{c}$입니다.

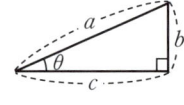

리만의 첫 번째 수업

여러분, 안녕하세요? 나는 리만입니다. 《리만이 들려주는 적분 1 이야기》에서 여러분과 적분의 의미를 차근차근 공부했죠? 그럼 예전에 배웠던 내용을 잠깐 복습하고 수업을 시작하도록 할게요.

적분積分이란 무수히 많은 조각을 더하는 행위라고 했던 내용 기억하나요? 즉, 적분은 도형의 넓이를 구하고자 하는 데서 출발합니다.

삼각형이나 사각형 등의 다각형은 그 넓이를 구하기가 쉽지만 원처럼 곡선으로 되어 있는 도형은 넓이를 구할 때 적분의 의미를 적용할 수 있답니다. 또 적분 기호 $\int$ 인티그럴을 사용하면 함수로 표현되는 그래프에서 넓이를 구하기 편해집니다. 하지만 정적분이라고 일컬어지는 $\int_a^b f(x)dx$의 값은 $x=a$, $x=b$, x축, $y=f(x)$가 이루는 영역의 넓이기도 하지만 도형이 x축 아래로 내려간 경우에는 음의 값을 갖게 되어 실제 넓이와 일치하지 않는 경우도 생깁니다. 따라서 정적분의 부호에 잘 신경 쓴다면 영역의 넓이를 구할 때 편리하게 활용할 수 있습니다.

　어때요? 가물가물했던 기억이 스멀스멀 나타나고 있나요? 적분에 대해 더 꼼꼼하게 복습하고 싶다면《리만이 들려주는 적분 1 이야기》를 참고해 주세요. 이제 우리는 적분에 대해 더 깊게 들어갈 거예요. 나의 애제자 스텔라의 활약도 기대해 주세요.

　"선생님, 퀴즈 좋아하세요?"

　오늘도 뜬금없이 질문해 오는 스텔라. 또 무슨 생각을 하고 있기에 갑자기 그런 질문을 할까요?

　퀴즈 엄청 좋아하죠! 퀴즈 하나 내려고요?

　"아니요. 퀴즈를 내려고 하는 게 아니라 어제 본 퀴즈쇼가 자꾸 머리에 남아서요. 어제 퀴즈쇼에서 '원의 둘레의 길이를 어떻게 잴 수 있을까?'라는 내용이 있었어요. 물론 원의 중심이 어딘지, 반지름이 얼마인지도 주어지지 않았죠. 간단한 작도로 중심도 찾아내고, 우승한 팀이 마지막으로 도전하는 과제였는데 원의 중심과 반지름을 찾아내는 것까지는 했는데 공식으로만 대답해서 실패했죠. 공식을 증명하지 못했고 게다가 '적분'을 사용하라는 조건도 만족하지 못한 거죠."

오……. 멋진 퀴즈쇼인걸요. 그래서 '완성하지 못한 과제'에 대한 궁금증이 자꾸 스텔라를 괴롭히고 있는 것이군요.

사실 스텔라가 말하는 퀴즈쇼를 나도 즐겨 본답니다. 수학을 좋아하는 사람들에겐 퀴즈쇼를 기다리거나, 퀴즈쇼에 나왔던 문제들을 곱씹으며 일주일을 지내게 되죠. 당연히 나도 어제의 퀴즈쇼를 봤답니다. 안타깝게도 우승팀이 마지막 도전 과제는 풀지 못했지만 굉장한 팀이었죠. 그래도 원의 중심은 작도로 찾아내기는 했어요. 우리가 한번 우승팀이 풀지 못한 과제를 해결해 볼까요?

일단 원의 중심을 어떻게 찾아냈는지 살펴보기로 해요. '원에서 현의 수직이등분선은 항상 중심을 지난다.'는 사실을 이용해야 된답니다.

> **Tip**
> 원에서 현의 수직이등분선은 원의 중심을 지난다.

따라서 임의의 서로 다른 현을 2개 그어서 각각 수직이등분선을 작도합니다. 그러면 두 수직이등분선이 만나는 점이 바로 원의 중심이 되겠죠.

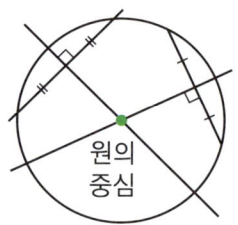

원의 중심을 구했으니 당연히 중심에서 원 위의 임의의 점까지의 거리가 원의 반지름이 되겠죠? 어제 우승팀이 이렇게 반지름을 구한 다음 지름에 π를 곱한 값을 원의 둘레의 길이라고 답했습니다. 반지름이 r일 때, 원의 둘레의 길이(원주)는 $2\pi r$이라고 알고 있었기 때문일 겁니다.

그렇다면 어떻게 $2\pi r$이라고 원주의 길이를 구할 수 있었던 걸까요? 다음의 그림을 보면서 차근차근 우리도 구해 볼 수 있습니다. 6개의 삼각형이 서로 접하도록 원을 만들어 봅니다. 정육각형을 원에 내접[1]한 셈이에요.

> **메모장**
> [1] **내접** 안쪽에서 접하게 함.

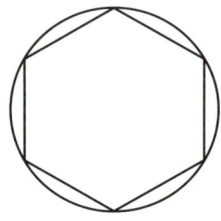

원의 둘레의 길이는 정육각형의 변의 길이의 합보다는 크겠죠? 그렇다면 삼각형을 더 잘게 쪼개서 정십이각형이 되게 해봅시다. 분명히 정육각형보다는 변의 길이의 합이 원주 길이에 가깝게 되겠죠.

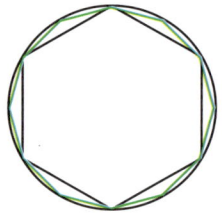

좀 더 잘게 쪼개면 쪼갤수록 우리는 원주의 길이와 가까운 근삿값[2]을 구할 수 있답니다. '잘게 쪼개서 더한다.'는 말, 익숙하죠? 네, 그게 바로 적분이에요. 넓이나 부피뿐만 아니라 선분의 길이를 구하는 것도 적분이 할 수 있는 부분이기도 해요. 그럼 본격적으로 좀 더 자세히 알아볼까요? 이번엔 정n각형을 원에 내접시

> **메모장**
> ❷ **근삿값** 근사계산에 의하여 얻어진 수치로 참값에 가까운 값.

키고, 각 꼭짓점과 원의 중심을 이어서 삼각형 n개가 만들어지게 그려 볼게요.

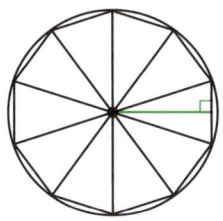

정n각형이라고 했으니까 원의 중심 부분에서 생기는 삼각형들의 각은 모두 동일하겠죠? 원의 반지름이 아닌 삼각형들의 한 변, 즉 정n각형의 한 변의 길이를 구하려면 직각삼각형의 삼각비를 이용하면 편합니다.

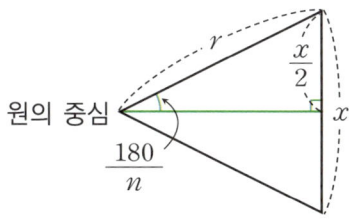

n개의 삼각형들은 원의 중심 쪽의 각이 $\frac{360°}{n}$이고, 2개의 직각삼각형으로 나누면, 직각삼각형의 한 내각은 $\frac{180°}{n}$이 됩니

다. 정n각형의 한 변의 길이를 x라 하면 다음과 같이 나타낼 수 있습니다.

$$\frac{\frac{x}{2}}{r} = \sin\frac{180°}{n} \text{이므로}, x = 2r\sin\frac{180°}{n}$$

따라서 정n각형의 둘레의 길이는 $2nr\sin\frac{180°}{n}$가 되겠죠. 결국 우리는 n이 많이 커질수록 원주에 가까운 값을 구할 수 있게 됩니다. 즉, n이 많이 커지면 $n\sin\frac{180°}{n}$의 값이 π값으로 가까이 간다는 내용을 이용한다면 원주의 길이 $2\pi r$의 값을 구할 수 있게 됩니다.

조금 어렵나요? 그럼 우리가 '적분 1' 수업에서 원의 넓이를 구하던 방법대로 원의 둘레도 구해 봅시다. 원에 내접하는 정육각형을 그리고 또 외접❸하는 정육각형을 그립니다.

메모장
❸ **외접** 바깥쪽에서 접하게 함.

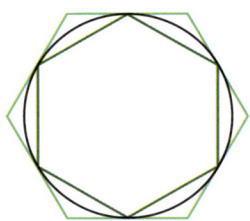

원의 둘레의 길이는 분명히 내접하는 정육각형의 둘레의 길이보다는 크고, 외접하는 정육각형의 둘레의 길이보다는 작아요.

(내접하는 정육각형의 둘레) < (원의 둘레) < (외접하는 정육각형의 둘레)

따라서 정육각형의 한 변의 길이를 알면 원의 둘레가 대략 어느 정도인지를 범위로 알 수 있게 되죠. 만약 정육각형이 아니라 좀 더 잘게 쪼개서 정십이각형이나 더 많은 수의 변을 갖는 정다각형을 그린다면, 내접하는 다각형과 외접하는 다각형의 둘레의 길이의 차는 점점 줄어들게 됩니다. 결국 비슷한 값이 될 테고 이런 값은 원의 둘레의 길이와도 비슷해지겠죠.

"선생님, 그냥 실로 원의 둘레를 따라 빙 둘러서 그 길이를 재면 되지 않을까요?"

앗, 스텔라! 그렇게 좋은 아이디어가 있었군요. 그렇게 간단하다니, 멋진데요!

"헤헤, 사실은 복잡해지는 것 같아서 머리가 아파 와요."

적분은 우리가 배운 여러 가지 내용을 잘 다듬어서 조화롭게 이용해야 하기 때문에, 좀 더 내용이 깊어지려면 그만큼 준비 운동이 더 필요하답니다. 적분이란 건 쪼개서 쌓는다는 수준에서만 끝나 버리기에는 적분이 가지고 있는 매력이 너무 크답니다. 우리가 차츰 공부해 나가면서 나중에 원의 둘레의 길이를 적분 기호 $\int$ 을 써서 나타내 보기로 해요.

우리의 스텔라가 말해 준 '실' 사용법을 이용하면 구하지 못

하는 길이가 없겠네요. 하지만 계산하는 것보다는 확실히 오차가 많이 생길 수밖에 없어요. 아무리 좋은 눈금자가 있더라도, 너무나도 작은 크기는 우리가 정확히 읽어 낼 수 없겠죠. 생각으로는 모든 것이 가능해 보이지만, 실제로는 우리가 정확하게 측정하기 어려운 것도 참 많답니다. 예를 들어, 우리는 물의 온도를 정확하게 잴 수 없기도 해요. 물의 온도를 재려면 온도계를 물에 넣어야 하는데, 온도계 자체가 가지고 있는 온도가 물의 온도와 다를 경우엔 물의 온도가 조금 달라질 수밖에 없죠. 물과 같은 온도의 온도계를 넣어야 정확하게 측정할 수 있다는 얘긴데, 모순이죠. 물의 온도를 이미 알고 있어야 온도를 잴 수 있다니요! 하지만 이렇게라도 근삿값을 구하는 것은 그래도 구하지 않는 것보다는 유용하기 때문일 겁니다.

자, 이제 우린 원과 친구인 타원❹의 둘레의 길이 구하는 방법에 대해 잠시 이야기를 나눠 볼까요?

> **메모장**
> ❹ 타원 두 정점초점까지의 거리의 합이 일정한 점들의 집합.

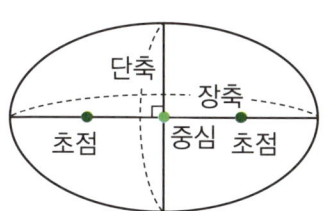

메모장

❺ **포물선** 한 정점초점과 한 정직선준선까지의 거리가 같은 점들의 집합.
쌍곡선 두 정점초점까지의 거리의 차가 일정한 점들의 집합.

　　타원은 제일 짧은 길이인 단축, 제일 긴 장축 그리고 장축과 단축이 만나는 점인 중심이 있어요. 그리고 초점이라는 중요한 두 점이 있답니다. 초점은 장축 위에 2개가 놓여져 있어요. 타원, 원, 포물선❺, 쌍곡선❺을 이차곡선이라고 하는데, 좀 더 자세한 내용은 《아폴로니우스가 들려주는 이차곡선 1, 2 이야기》를 참고해 보세요.

타원은 앞에서 원의 경우처럼 구하기가 힘들겠죠. 왜냐하면 타원의 중심에서 타원 위의 점까지의 거리가 일정하지 않기 때문에 만들어진 삼각형의 변의 길이를 구하기가 어렵답니다.

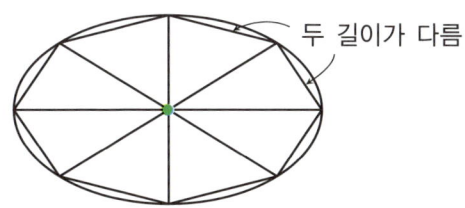

두 길이가 다름

원처럼 모양이 일정하고 너무나도 규칙적인 경우는 별로 없습니다. 타원의 경우에서도 보는 바와 같이 잘라서 이으려고 해도 자른 모양이 일정하지 않다 보니 어려움이 생기죠. 따라서 타원의 경우는 원보다 둘레의 길이를 구하기가 더욱 어려운 경우가 됩니다.

또 우리가 알고 있는 함수들의 경우를 생각해 볼까요? $y=x^2$의 함수가 있어요. x값이 1부터 5까지인 부분의 곡선의 길이를 구하고자 합니다.

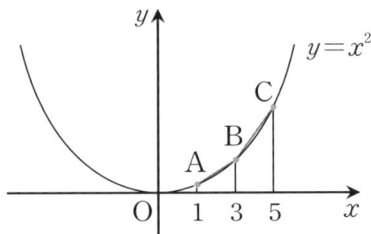

이 부분을 2만큼씩 잘라서 생각해 볼게요. 즉, x값이 1, 3, 5가 되는 부분에서 x축에 수직으로 직선을 그으면 (1, 1), (3, 9), (5, 25)에서 $y=x^2$과 만나겠죠. 이 점들을 순서대로 A, B, C라고 할게요. $\overline{AB}+\overline{BC}$는 분명 두 직선의 길이의 합입니다. 곡선보다는 작은 값이죠. 직접 구해 보면 다음과 같습니다.

$$\overline{AB}=\sqrt{(3-1)^2+(9-1)^2}=\sqrt{4+64}=\sqrt{68}$$
$$\overline{BC}=\sqrt{(5-3)^2+(25-9)^2}=\sqrt{4+256}=\sqrt{260}$$

$\sqrt{68}≒8.25$, $\sqrt{260}≒16.12$이므로 합은 약 24.37로, 곡선의 길이의 근삿값을 구할 수 있습니다. 하지만 이를 더 잘게 잘라 봅시다.

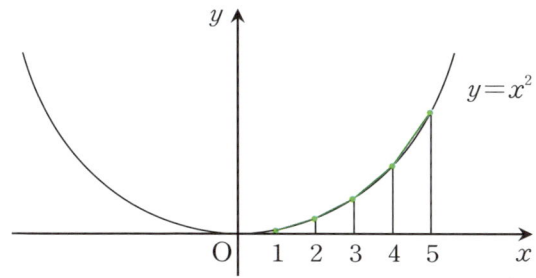

위와 같은 방법으로 선들을 그어서 교점들을 만들면 (1, 1), (2, 4), (3, 9), (4, 16), (5, 25)의 점을 얻고, 점들 사이의 거리를 구하면 $\sqrt{10}+\sqrt{26}+\sqrt{50}+\sqrt{82}≒24.39$를 얻을 수 있습니다. 즉, 원하는 만큼 구간을 나눠서 교점을 구하기만 하면 됩니다.

좀 더 일반적인 함수를 생각해 봅시다. 모든 함수에 적용할 수 있게끔 숫자 대신 문자를 활용해서 정리하겠다는 뜻이에요. $y=f(x)$라는 함수가 있다고 생각해 봅시다. 직선이 아닌 경우에는 곡선의 길이를 구해야 하는 경우가 됩니다. 타원보다 더 규칙이 없어 보이죠. 그런데 오히려 이런 함수는 적분의 기본 원칙을 생각한다면 쉽게 문제를 해결할 수도 있답니다. $y=f(x)$라는 함수에서 x값이 a에서 b로 변할 때까지의 곡선의 길이를 구한다고 생각해 봅시다. 우리는 의외로 정보를 많이 알고 있답니다.

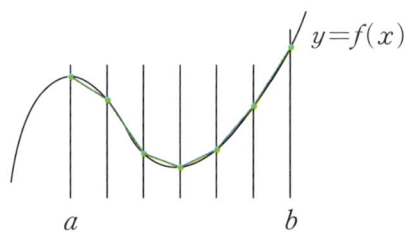

먼저 구하고자 하는 부분의 곡선을 좀 잘게 쪼갤 필요가 있겠네요. a에서 b까지의 x축 길이를 n개로 등분❻을 합니다. 원에서 했던 것처럼요. 각각의 점에서 x축에 수직으로 선을 그으면 곡선 $f(x)$와 만나게 되는데, 가로는 일정하지만 모양이 들쑥날쑥하죠. 구하는 길이는 곡선이긴 하지만, 우리는 새로 만든 선분들의 끝점을 이어서 곡선 대신 직선의 길이를 구한다고 생각해 봅시다. 맨 처음 x값은 a이고, 나누어진 한 칸의 간격이 $\left(\dfrac{b-a}{n}\right)$이므로 두 번째 점의 x값은 $\left(a+\dfrac{b-a}{n}\right)$라고 구할 수 있겠네요.

따라서 첫 번째 $f(x)$ 위의 점은 $(a, f(a))$이고, 두 번째 점은 $\left(a+\dfrac{b-a}{n},\ f\left(a+\dfrac{b-a}{n}\right)\right)$이므로, 두 점 사이의 거리를 구할 수 있겠죠? 같은 방법으로 계속 길이를 구하고, 이렇게 구한 길이들의 합이 구하고자 하는 곡선의 근삿값이 됩니다. 물론, 원

> **메모장**
> ❻ 등분 길이를 똑같게 나누는 것.

에서 한 방식대로 'n을 무한히 많이 커지게' 하면 더욱 잘게 쪼개지면서 좀 더 곡선의 길이에 근접합니다.

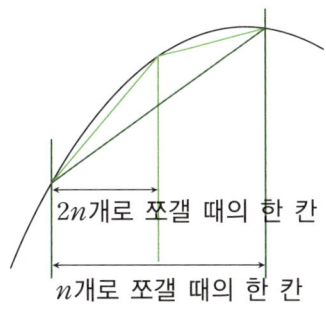

이제 곡선의 길이도 '구할 수 있다.'라는 사실은 알게 되었죠. 하지만 정확하게 식으로는 아직 쓰지 않았어요. 왜냐하면 넓이와 마찬가지로 곡선의 길이를 구하려면 우선 부정적분과 정적분 등에 대해 알아야 좀 더 식으로 깔끔하게 정리할 수 있답니다. 너무 서두르진 마세요. 우린 적분이 가진 능력을 천천히 하나씩 살펴보면서 식으로 정리할 테니까요.

"선생님, 혹시 저랑 퀴즈쇼 나갈 생각 없으세요? 선생님과 제가 팀을 이뤄서 퀴즈쇼를 한번 평정해 보는 거 어때요?"

갑자기 몰입해서 설명을 듣던 스텔라가 또 뜬금없는 질문을 합니다.

 스텔라, 자신 있는 모양이군요? 음……. 직접 나갈 생각은 안 해 봤는데 이번 기회에 스텔라가 도와준다면 나도 한번 도전해 볼까요?

 "앗, 제가 도움이 되긴 할까요? 하하핫……."

 스텔라가 퀴즈쇼의 매력에 푹 빠졌나 봅니다. 나와 그런 점에서 닮았네요. 이거 심각하게 고려해 봐야겠는걸요. 왠지 스텔라와 내가 환상의 짝꿍이 되지 않을까 싶네요.

수업 정리

❶ 원의 둘레의 길이를 구할 때에도 적분을 이용할 수 있습니다. 원에 내접하거나 외접하는 정다각형의 둘레의 길이는 원의 둘레보다는 작거나 큽니다. 하지만 정다각형의 변의 개수를 점점 늘린다면, 결국 원의 둘레와 같아집니다. 원의 둘레처럼 곡선으로 이루어진 도형일지라도 '잘게 쪼개서 모은다.'면 그 길이도 구할 수 있습니다.

❷ 함수의 식으로 나타낸 $y=f(x)$의 그래프에서도 적당한 부분의 길이를 구할 수 있습니다. 구하고자 하는 부분의 x축을 잘게 등분하고, 등분한 x값들에서 x축에 수직으로 그은 선분이 $y=f(x)$와 만나는 점들을 잡습니다. 이웃하는 두 점 사이의 거리들을 구해서 더하면 곡선 길이의 근삿값을 구할 수 있습니다. 점점 간격을 좁게 만들수록 곡선 길이에 가까워지게 되고, 결국 곡선의 길이를 구할 수 있게 됩니다.

2교시

넓이를 미분하면 길이인가

넓이를 미분하면 길이가 되는지 안 되는지 알아봅니다.

수업 목표

넓이를 미분하면 과연 길이가 되는지 안 되는지, 안 된다면 어떤 경우가 그런지를 살펴봅니다.

미리 알면 좋아요

1. 원의 반지름을 알면, 둘레의 길이원주와 넓이를 구할 수 있습니다.
반지름이 r일 때, 원주의 길이는 $2\pi r$이고, 넓이는 πr^2입니다.

2. 타원의 장축의 길이를 $2a$라고 하고, 단축의 길이를 $2b$라고 하면, 타원의 넓이는 πab입니다. 타원의 둘레의 길이는 근삿값을 구하는 방법이 알려져 있기는 한데, 조금 복잡하다고만 알아 두면 됩니다.

3. **도함수의 정의와 간단한 미분법 공식**
도함수는 $y' = \lim\limits_{h \to 0} \dfrac{f(x+h) - f(x)}{h}$를 뜻합니다.
다항함수 $y = x^n$을 x에 대해 미분하면, $y' = nx^{n-1}$이 됩니다.

리만의
두 번째 수업

    결국 고심 끝에 스텔라와 나는 퀴즈쇼에 도전하기로 했답니다. 겁먹고 미리 포기하는 건 우리 둘에겐 참을 수 없는 나약함이라고 생각했기 때문이에요. 물론 그렇다고 떨리지 않는 건 아니에요. 항상 잘해야 된다고 생각하는 일은 오히려 더 긴장하기 마련이죠. 수학을 좋아하고 잘하는 친구들도 수학 시험 볼 때가 가장 떨리는 것과 같아요.

    출연 신청을 한 후, 처음엔 뭘 해야 할지 막막하기만 했지요.

하지만 스텔라와 나는 그동안 꾸준히 퀴즈쇼를 봤다는 것에 자부심을 갖기로 했어요. 무엇보다 어떤 내용이 나올지는 모르지만 내용을 정리하고 예상 문제에 대해 토론해 보는 것도 대비하는 방법이라 생각했어요. 지금까지의 퀴즈쇼의 내용을 토대로 나름대로 열심히 준비하는 한 주가 되었고, 그러다 보니 퀴즈쇼에 나가는 날이 점점 다가오기 시작했죠.

드디어! 이제 퀴즈쇼에 도전하러 갑니다.

의외로 스텔라는 당당해 보입니다. 도대체 무슨 배짱인지 전혀 긴장감 없이 생글생글 웃고 있습니다. 옆에 가서 작게 말을 건넸습니다.

스텔라, 오늘 꽤 기분이 좋아 보이네요. 안 떨려요?

"호호호……. 뭐 저는 편안하게 왔어요. 선생님만 믿어요!"

윽……. 스텔라가 어쩐지 긴장 안 한다 했더니, 퀴즈쇼 출연하는 것에만 기분 좋아 들떠 있었군요.

스텔라, 난 몰라요. 난 너무 떨려서 아무것도 생각 안 나요. 스텔라가 알아서 해야 돼요.

스텔라에게 협박 아닌 협박을 하는 사이, 드디어 퀴즈쇼는 시작됩니다.

"여러분, 안녕하세요! 일주일 동안 퀴즈쇼 보고 싶어서 몸이 근질근질하셨죠? 오늘은 더 흥미진진한 문제로 퀴즈쇼가 찾아왔습니다. 게다가 더 쟁쟁한 도전자들과 함께 재미있는 문제를 풀어 나가도록 하겠습니다. 오늘의 도전팀은 세 팀입니다. 각자 소개를 부탁합니다."

"1번 '설레발' 팀입니다. 우리 팀은 둘 다 성격이 조금 급합니다. 하지만 오늘은 차분하고 침착하게 문제를 풀어서 최후의 팀이 되겠습니다."

"2번 '오지랖' 팀입니다. 이 세상의 모든 것이 흥미롭고, 정의에 불타는 두 사람입니다. 이 퀴즈쇼도 사실은 이전에 출연한 팀이 아깝게 우승을 못 했다며 꼭 본인들의 한을 풀어 달라고 해서 출연하게 됐습니다. 그때 그 팀은 마지막 도전 문제에서 포기하지 않고 도전했다가 말이죠······."

오지랖 팀이 계속 말하려는데 사회자가 겨우 말을 끊어서 마무리 짓습니다. 오지랖 팀은 떨리지도 않는 모양입니다. 어쩜 저리도 편안하게 수다 떨듯이 말을 잘하는지 모르겠어요. 아무래도 아는 것도 많지 않을까 싶어서 일단 견제하기로 합니다.

"3번 '스텔라' 팀입니다. 제 이름을 그대로 팀 이름으로 지었습니다. '별'이라는 뜻이라서 같이 팀을 하게 된 선생님께서도 마음에 들어 하셨어요. 오늘 최선을 다하겠습니다."

스텔라가 직접 우리 팀을 소개했어요. 은근히 소개 인사를 준비하고 연습한 것 같은데요. 스텔라한테 맡기길 잘했어요.

"퀴즈에 앞서, 우리 퀴즈쇼의 게임 규칙을 소개해 드리겠습니다. 아시다시피 3단계까지 문제를 풀게 되는데, 최후에 남는 팀이 우승하게 됩니다. 3단계까지 문제를 풀었는데 두 팀 이상이 남을 경우 3단계까지의 틀린 개수를 누적하여 적은 팀이 우승이고 동점이라면 최종 순위를 가리기 위해 추가 문제가 주어집니다. 마지막으로, 우승한 팀은 추가로 도전 문제를 풀 기회가 주어지는데 도전 문제까지 통과한다면 세계 일주의 우승 상품이 더 주어집니다. 물론 꼭 도전 문제를 풀지 않아도 됩니다. 도전 문제를 풀다가 틀렸을 경우에는 최소 상금만을 가져갈 수 있으니까요. 아직까지 세계 일주의 상품을 가져간 우승 팀은 나타나지 않았습니다. 오늘은 꼭 나타나길 기대해 봅니다.

자, 이제 본격적으로 퀴즈로 돌입합니다. 1단계는 OX 퀴즈입니다. 문제에 대해 OX를 표시한 후, 이에 대한 설명까지 맞아야 통과로 간주합니다. 다음의 명제는 맞을까요, 틀릴까요?"

넓이를 미분하면 길이가 된다.

1번 설레발 팀이 먼저 설명을 시작합니다.

"일단 저 명제는 O라고 생각합니다. 예를 들어 반지름이 r인 원이 있다고 생각합시다. 이 원의 넓이는 πr^2인데, 반지름 r에 대해서 미분하게 되면 $2\pi r$입니다. 이는 원의 둘레의 길이와 같습니다. 좀 다른 방식으로 그림을 통해 직관적으로 살펴볼게요. 반지름이 r인 원에 h만큼 더 큰 원을 중심이 일치하게 그려 보세요.

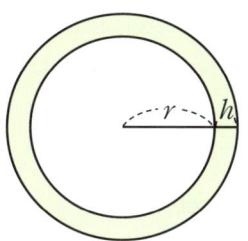

위의 그림처럼 되겠죠. 두껍게 보일지 몰라도 사실 h는 정말 작은 값이라고 생각하면 됩니다. 두 원 사이의 부분은 도넛 모양으로 되어 있어요. 반지름이 r인 원의 넓이를 $f(r)=\pi r^2$이라고 하면, 이 도넛 모양의 넓이는 $f(r+h)-f(r)$이 되겠죠.

이제 원의 중심에서 등분하여 조각을 내 봅시다. 도넛이 잘린 모양이 되겠죠. 이 조각들을 엇갈려서 길게 붙이면 다음과 같아요.

만약 h를 더욱더 작게 만든다면 굴곡은 더 없어지면서 다음 그림처럼 마치 직사각형의 그림이 되겠죠.

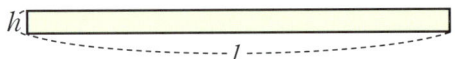

이 직사각형의 높이는 h이고, 가로는 우리가 구하고 싶은 원의 둘레의 길이 l 입니다. 원래 원의 모양인 상태에서 구한 넓이는 $f(r+h)-f(r)$이고 잘게 쪼개서 붙인 도형의 넓이는 직사각형이므로 hl이 됩니다. 즉, 다음과 같이 표현할 수 있어요.

메모장
❶ ≈ 거의 정확한, 근삿값을 표현할 때 쓰입니다. =하고는 조금 차이가 있죠.

$$f(r+h)-f(r) \approx ^{❶}hl$$

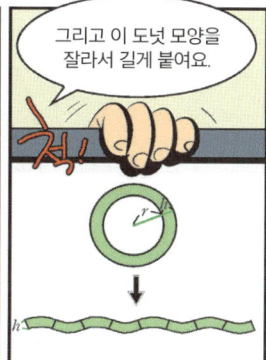

> **Tip** h를 작게 하기
>
> h를 0으로 가까이 가게 하는 극한값을 뜻함.

양변을 h로 나누고, h를 작아지게 해 볼까요?

$$\frac{f(r+h)-f(r)}{h} \approx l$$

$$\lim_{h \to 0}\frac{f(r+h)-f(r)}{h} = l$$

즉, 우리가 구하고자 하는 원의 둘레 길이 l은 h를 작게 만들 때, 즉 $\lim_{h \to 0}\frac{f(r+h)-f(r)}{h}$의 값임을 알 수 있습니다. 이는 $f'(r)$이므로 원의 넓이 πr^2을 미분한 값 $2\pi r$과 같게 됨을 알 수 있답니다. 따라서 넓이를 미분하면 길이를 구할 수 있다고 생각합니다."

설레발 팀의 친절한 설명이 있었습니다. 하지만 정말 이 팀은 설레발이 심합니다. 첫 문제부터 틀렸답니다. 오늘은 더욱 차근차근이란 말이 실천이 되지 않나 봅니다. 긴장했나 봐요. 원은 넓이를 미분해서 길이가 되는 굉장히 특수한 경우가 됩니다. 설명은 그럴듯하게 했지만, 분명 원이 아닌 다른 도형으로 옮겨지게 되면 다른 결과가 나오게 됩니다. 설레발 팀의 이 설명 방식 그대로 반례를 들면 되겠다는 생각이 언뜻 들었습니다. 그런데 설레발 팀이 마무리 말을 채 하기도 전에 벌써 두 번째 오지랖 팀이 금방이라도 설명을 이어갈 듯 서두릅니다. 아무래도 오지랖 팀의 설명 후에 순서가 돌아올 듯합니다.

"오지랖 팀입니다. 설레발 팀과는 달리 주어진 명제는 X라고 생각합니다. 타원의 경우 장축의 길이가 $2a$이고 단축의 길이가 $2b$인 경우에 넓이가 πab가 되지만, 둘레의 길이는 이보다 훨씬 복잡하게 표현되고 근삿값만을 구할 수 있다고 알고 있습니다. 설레발 팀이 설명한 내용과 비슷한 방법으로 타원에 적용시켜 보겠습니다. 반지름이 r이고 높이는 충분한 원기둥이 있다고 합시다. 밑면을 일치시키고 반지름이 $(r+h)$인 원기둥도 함께 생각하고요. 이 원기둥을 비스듬하게 대략 45° 정도 자른다고 생각할게요. 원기둥을 비스듬하게 자르면 단면은 타원이 됩니다. 우리는 이 타원에 대해 생각해 보려고 해요.

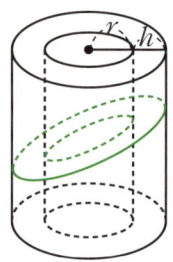

 단면은 좀 타원 모양입니다. 2개의 원기둥에서 잘랐기 때문에 타원도 2개가 되고, 찌그러지긴 했지만 도넛 모양인 것은 같습니다. 밑면의 반지름이 r인 원기둥에서 자른 단면적인 타원의 넓이를 $A(r)$이라고 합시다. 그러면 이 도넛의 넓이는 $A(r+h)-A(r)$이라고 쓸 수 있습니다.

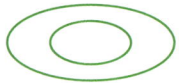

 또 타원의 중심에서 마찬가지로 각을 등분해서 쪼개고, 이것들을 엇갈려서 이어 붙이도록 합시다.

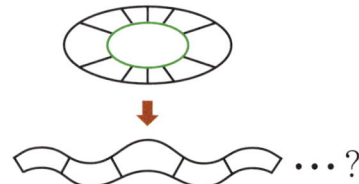

여기에서도 설레발 팀이 했던 것처럼 원래의 넓이와 조각내서 붙인 모양의 넓이가 같다는 것을 이용해야 할 것입니다. 하지만 타원의 둘레를 l 이라고 하는 것에는 큰 문제가 되지 않는데, 높이는 일정하지 않게 됩니다.

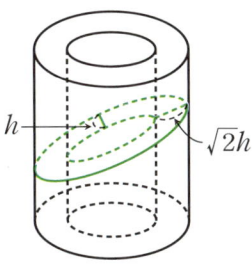

단축의 차이는 h가 맞지만 장축의 양쪽 끝으로 갈수록 도넛의 두께는 $\sqrt{2h}$가 되고 있습니다. 따라서 h가 작아진다고 해도 두께가 일정하지 않기 때문에 쪼개어서 붙인 도형을 사각형의 넓이로 계산할 수가 없습니다. 그 때문에 넓이 $A(r+h) - A(r)$을 hl과 같다고 할 수 없고, h가 점점 작아지더라도 $l \neq \lim\limits_{h \to 0} \dfrac{A(r+h) - A(r)}{h}$ 임을 알 수 있습니다. 원의 넓이를 미분해서 길이가 된다는 것은 가능한 예이긴 하지만, 원에서 나타나는 특수한 현상일 뿐이므로 일반적으로는 맞다고 할 수 없습니다."

"스텔라 팀입니다. 저희 팀도 오지랖 팀과 같이 넓이를 미분해서 길이가 된다는 것은 X라고 생각합니다. 간단하게 다각형을 예로 들겠습니다. 한 변의 길이가 x인 정삼각형의 넓이는 $\frac{\sqrt{3}}{4}x^2$이고, 정삼각형의 둘레의 길이는 $3x$입니다. 따라서 넓이 $\frac{\sqrt{3}}{4}x^2$

을 미분한 것이 $3x$와 다름을 확인하면 됩니다. 한 변의 길이가 x인 정삼각형의 넓이를 $g(x)$라고 하면, $g(x) = \frac{\sqrt{3}}{4}x^2$입니다. 이제 한 변의 길이가 각각 x, $(x+h)$인 2개의 정삼각형이 있다고 합시다. 두 정삼각형의 넓이의 차는 $g(x+h) - g(x)$입니다.

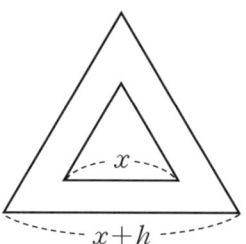

두 정삼각형의 사이의 넓이는 삼각형과 사각형의 넓이의 합으로 표현됩니다. 두 정삼각형의 변 사이의 거리는 $\frac{h}{2\sqrt{3}}$가 되고, 다음 그림에서와 같이 직사각형 3개와 직각삼각형 6개의 합이 곧 두 정삼각형의 넓이의 차와 같아요.

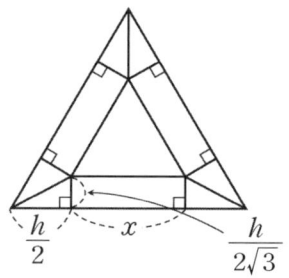

즉, $g(x+h)-g(x) = 3 \times x \times \dfrac{h}{2\sqrt{3}} + 6 \times \dfrac{h}{2} \times \dfrac{h}{2\sqrt{3}} \times \dfrac{1}{2}$이 된다는 것을 알 수 있습니다. 여기에서 양변을 h로 나누고, h를 점점 작게 하면 미분의 정의를 이용하여 $g'(x)$를 구할 수 있습니다.

$$\dfrac{g(x+h)-g(x)}{h} = \dfrac{\sqrt{3}}{2}x + \dfrac{\sqrt{3}}{4}h$$

$$g'(x) = \lim_{h \to 0} \dfrac{g(x+h)-g(x)}{h}$$

$$= \lim_{h \to 0} \left(\dfrac{\sqrt{3}}{2}x + \dfrac{\sqrt{3}}{4}h\right) = \dfrac{\sqrt{3}}{2}x$$

따라서 정삼각형의 넓이를 미분하더라도 둘레의 길이 $3x$는 나오지 않게 되죠. 즉, 넓이를 미분하더라도 길이가 나오지 않게 된다는 것을 알 수 있습니다."

"세 팀 모두 수고하셨습니다. 자, 그럼 1단계 퀴즈 결과를 발표하겠습니다. 이번 OX퀴즈에서는 설레발 팀이 통과하지 못했고, 오지랖 팀과 스텔라 팀이 정확히 설명해 주었습니다. 원의 넓이를 미분하면 원주가 되는 것은 굉장히 특수한 경우이므로, 이 예 하나만 보고 성급하게 일반화시켜서는 안 된다는 것입니다. 설레발 팀이 좀 더 차분하게 분발하길 바라며 우린 2단계로 넘어가겠습니다."

여러분은 어땠나요? 쉬운 듯하면서도 설명하기 좀 까다로운 문제였던 것 같아요. 설레발 팀이 설명 방법의 물꼬를 터 주어서 다행히도 차분하게 정리하면서 설명할 수 있었어요. 물이 얼어서 얼음이 되면 부피가 늘어나는데, 이런 현상만 보고 액체가 고체가 될 때 부피가 늘어난다고 생각하면 큰일이죠. 물은 우리에게 가장 친근하면서도 굉장히 특수한 경우에 해당되기 때문이에요. 어디에서든지 우리가 알고 있는 것이 진리이고 전부라고 생각하는 것은 참으로 위험할 수도 있다는 것을 기억해야겠어요. 1단계가 무사히 넘어가서 일단 마음은 편하네요. 2단계부터는 좀 더 까다로워지니까 긴장을 늦추지 말아야겠어요.

수업 정리

❶ 넓이를 미분하면 꼭 길이가 되는 것은 아닙니다. 물론 원의 넓이는 πr^2이고 원주는 $2\pi r$이라서 마치 r에 대해 미분한 것처럼 보이지만 이는 특수한 경우입니다. 일반적으로는 넓이를 미분한다고 해서 길이가 된다고 할 수는 없습니다.

❷ 미분과 적분은 반대 개념이라고 생각해도 되지만, 꼭 맞아떨어지는 것은 아닙니다. 둘의 연관성도 중요하지만 각각이 가지고 있는 본래의 의도와 성질도 꼭 기억하도록 합니다. 미분은 '변화율'에 관한 내용이고, 적분은 '쪼개서 더한다.'는 것을 잊지 마세요.

3교시

부피는
단면적들의 합

단면적을 이용해 부피를 어떻게 구하는지 알아봅니다.

수업 목표

단면적을 알면 부피를 구할 수 있습니다.

 미리 알면 좋아요

1. 사각형정사각형, 직사각형, 평행사변형, 사다리꼴 등의 넓이를 구할 수 있습니다.

2. 기둥의 부피를 구할 수 있습니다. 기둥의 부피는 기본적으로 (밑넓이)×(높이)로 구할 수 있습니다.

3. 뿔의 부피를 구할 수 있습니다. 뿔의 부피는 밑면이 같은 모양인 기둥 부피의 $\frac{1}{3}$배와 같습니다.

리만의
세 번째 수업

 이제 사회자가 2단계 문제를 내려고 하나 봅니다. 설레발 팀이 실수하긴 했지만, 단계가 높아질수록 문제가 어려워지니까 아직까지는 더 두고 봐야 합니다. 모든 것이 끝나기 전에는 항상 방심은 금물이에요. 1단계는 그럭저럭 넘어갔는데, 아직도 떨리긴 마찬가지네요. 우리 스텔라 팀의 승리를 위해 많이 응원해 주세요.

 "여러분, 이제 우리는 2단계 문제로 넘어갑니다. 이미 눈치를

챘을 텐데, 오늘의 퀴즈 주제는 '적분'입니다. 적분의 다양한 접근과 의미를 알아보기 위한 시간이 될 것입니다. 나와 주신 도전자 세 팀의 실력이 너무나도 출중해서 오늘은 더욱 알찬 시간이 되고 있는 듯합니다. 1단계의 간단한 OX 문제에서 이제 2단계의 문제 해결로 넘어갑니다. 2단계에서는 주어지는 내용에 대해 충분히 생각한 후 순서대로 자신들의 의견을 정리해서 설명해 주시면 됩니다. 자, 2단계 문제 공개합니다."

> "단면적을 알면 입체의 부피를 구할 수 있다."
> 위 내용을 자세히 설명하고, 구체적인 예를 들어서 설명해 보시오.

스텔라와 나는 어떻게 하면 이 문제를 해결할 수 있을지 많이 고민을 했어요. 쉬울 듯하면서도 설명하기에 조금은 까다롭다고 생각해요. 먼저 단면적은 2차원, 부피는 3차원으로 생각할 수 있으니까 여기에서 힌트를 얻어야겠어요. 2차원에서 3차원의 내용을 끌어내듯, 1차원에서 2차원의 내용을 끌어냈던 기억을 되살리면 될 것 같아요. 즉, 선분들을 더해서 단면적을 알아냈던 내용이요. 내가 이전에 수업했던《리만이 들려주는 적분 1

이야기》에서 힌트를 얻으면 될 것 같네요. 차원을 조금 높여서 확장하니까 오히려 쉽게 접근이 되네요. 아주 간단하게 설명이 될 것 같아요. 역시 '모방은 창조의 어머니'가 맞나 봅니다. 다른 팀들은 어떤 생각을 했는지 들어 봅시다.

"저희 설레발 팀은 먼저 '단면적을 알면 부피를 구할 수 있다.' 를 살펴보기에 앞서, '선분의 길이를 알면 면적을 구할 수 있다.' 를 설명하겠습니다. 먼저 구하고자 하는 면적이 다음과 같다고 합시다.

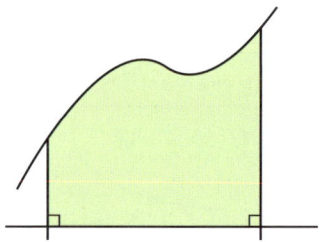

만약 위의 넓이를 구하려면 어떻게 해야 할까요? 우리가 알고 있는 정보는 곡선 부분의 각각의 점에서 아래의 직선까지의 수직 거리만을 알고 있습니다. 직선의 길이를 알고 있다는 뜻이죠. 직선을 하나의 직사각형이라고 생각하면, 결국 넓이는 직사각형들의 합이라고 생각할 수 있습니다. 직선은 흔히 넓이가 없다, 0이라고 말하지만 직선을 직사각형이라고 생각하면 가로를 아주 조밀하게 잘라서 마치 직선처럼 보이게 한 상태입니다. 가로의 길이는 결국 0이라고 생각되어 직선의 넓이가 0인 것처럼 보이지만, 엄밀히 말하면 0에 가까운 수라고 생각하면 됩니다. 따라서 그런 직선들로 우리가 구하고자 하는 부분을 무한히 빼곡하게 채우면 넓이를 구할 수 있습니다.

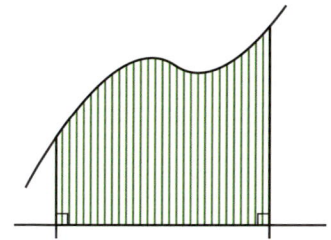

자, 그럼 여기에서 우리는 조금 확장을 하면 될 것 같네요. 우리가 간단한 공식으로 구할 수 있는 부피는 원기둥, 직육면체, 원뿔이나 다양한 각뿔 등이 될 겁니다. 이런 입체들 이외에 우리가 알고 있는 부피 구하는 공식으로 해결할 수 없는 아래와 같은 입체가 있다고 생각을 할게요.

> **Tip 기본 입체도형의 부피**
>
> 원기둥의 부피
> =π×(밑면의 원의 반지름)×(밑면의 원의 반지름)×(높이)
> 직육면체 부피=(밑면의 넓이)×(높이)
> 뿔의 부피=(밑면의 넓이)×(높이)×$\frac{1}{3}$

리만의 세 번째 수업

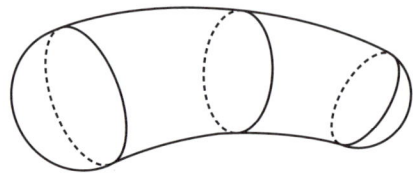

위 그림은 마치 무 모양 같네요. 이걸 도마에 올려놓고 마치 무를 칼로 썰듯이 납작하고 일정하게 썬다고 생각해 봅시다. 칼로 썬 단면의 넓이를 우리가 구할 수 있다고 생각하면 쉽게 결론이 나올 것 같네요. 단면적을 알고 있을 때 부피를 구할 수 있느냐의 문제이기 때문에, 이런 단면적을 알고 더하면 부피가 된다고 직관적으로 알 수 있습니다. 물론 여기에서도 넓이는 부피를 0이라고 생각을 흔히 합니다. 사실 0에 가깝기도 하고요. 하지만 0은 아니라는 사실에 주목해야 할 것 같네요.

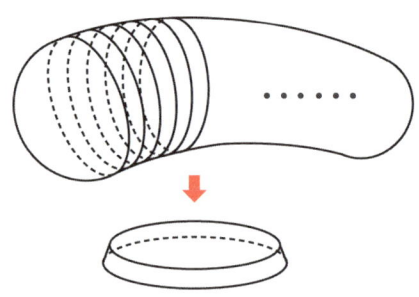

정말 무를 납작하게 썬 모양을 살펴보면, 우리는 아무리 얇게 자른다고 해도 결국 높이를 가지는 입체로 썰게 됩니다. 단면적을 알고 높이를 가지는 입체인 셈이죠. 이런 입체들의 부피를 합하면 우리가 구하고픈 입체의 부피를 구할 수 있다는 뜻이 됩니다. 하지만 우리는 역시나 너무나도 작고 얇게 썰어 냅니다. 거의 높이가 0이 될 만큼이죠. 따라서 단면적만 거의 남을 만큼으로 자른다면 이 입체의 부피는 단면적의 합이라고 생각해도 과언이 아닙니다. 따라서 부피는 단면적들의 합으로 구할 수 있음을 알 수 있답니다."

우아! 놀라면서도 그 순간 표정이 어두워지는 스텔라. 설레발 팀이 너무나도 자연스럽게 내용을 확장해서 설명을 잘해 주었네요. 우리 팀도 이런 설명을 하려고 했는데, 설명을 들으면서 스텔라가 갑자기 긴장해 버렸어요. 하지만 우리 순서가 뒤쪽이라 어쩔 수 없어요. 좀 다르게 설명할 방법을 찾아야겠네요. 다행히도 오지랖 팀이 설명할 차례이니 시간은 넉넉할 거예요. 오지랖 팀은 또 어떤 설명을 할지 잘 들어 봅시다. 스텔라, 힘내요!

"오지랖 팀입니다. 앞 팀이 설명을 친절하게 잘해 주었습니다. 여기에 저희 팀은 근본적인 내용보다는 활용할 수 있는 구체적인 예를 들어서 살펴보는 편이 낫겠네요.

원의 넓이를 어떻게 구할 수 있었는지 생각나세요? 원의 반지름이 r이라고 한다면, 원의 넓이는 πr^2이라고 알고 있어요. 어떻게 넓이를 구할 수 있는지 우리는 《리만이 들려주는 적분 1 이야기》에서 확인할 수 있습니다.

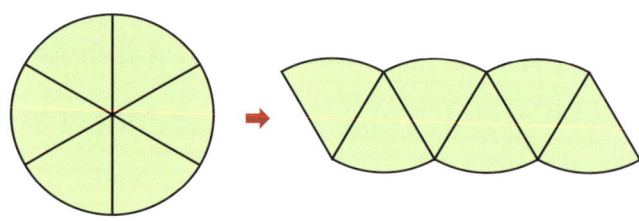

피자 조각 자르듯 원을 잘라서 서로 엇갈려 붙입니다. 원의 둘레 곡선 때문에 울퉁불퉁하지만 크게 보면 평행사변형 같죠. 만약 조각을 좀 더 작게 만든다면, 거의 직사각형이 되겠죠. 세로의 길이는 물론 원의 반지름인 r이 될 테고, 가로의 길이는 원주 $2\pi r$이 위와 아래에 반반씩 들어가니까 πr이라고 하면 됩니다. 직사각형의 넓이는 가로와 세로를 곱한 값이므로 πr^2이라고 구할 수 있습니다.

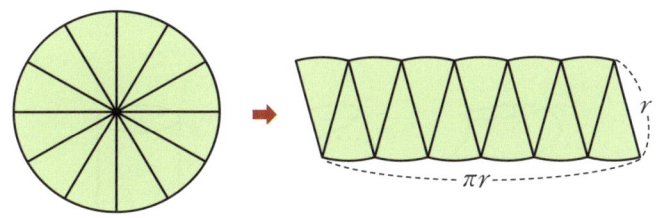

우리는 이렇게 조각을 작게 작게 만들어서 붙이는 방식으로 구하기 힘든 넓이_{원의 넓이}를 구할 수 있는 넓이_{직사각형의 넓이}를 이용해서 구할 수 있습니다. 이것을 조금 차원을 높여 보겠습니다. 도넛 모양의 입체가 있습니다. 이 입체를 어떻게 구할 수 있을까요? 원의 넓이를 구하듯, 이것도 잘게 쪼개는 방식을 이용할게요.

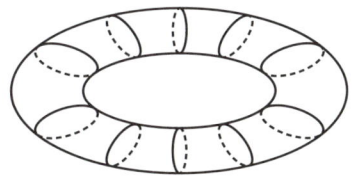

도넛이 일정하게 잘 잘라지면 잘린 단면을 서로 이어 붙일 겁니다. 그런데 한 가지 주의할 점은, 원에서도 자른 선들을 이어 붙일 때 서로 엇갈렸던 것처럼 여기에서도 잘라진 단면들을 엇

갈려서 붙일 겁니다.

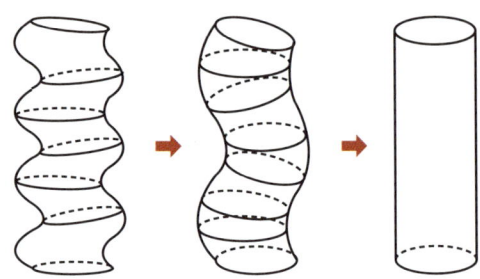

원래 구하고 싶던 도넛 모양의 부피를 구하려고 하는데 잘 게 쪼개서 붙여 보니 잘게 작은 조각으로 자를수록 우리가 알고 있는 모양이 나타나는 걸 볼 수 있겠죠? 네, 맞습니다. 어느새 도넛은 사라지고 원기둥이 되었습니다. 원기둥의 부피를 구할 수 있다면 도넛의 부피를 구한 것이나 다름없어요. 원기둥의 밑면인 원은 도넛의 단면과 같습니다. 그리고 높이는 도넛을 위에서 봤을 때 안쪽 작은 원의 둘레와 바깥쪽 큰 원의 둘레의 합을 반으로 나눈 값과 같아지겠죠. 결국 도넛에서 작은 원과 큰 원의 반지름을 알고 있어야 하고, 잘라진 단면의 넓이를 구할 수 있다면 우리는 충분히 도넛의 부피를 구할 수 있는 셈입니다."

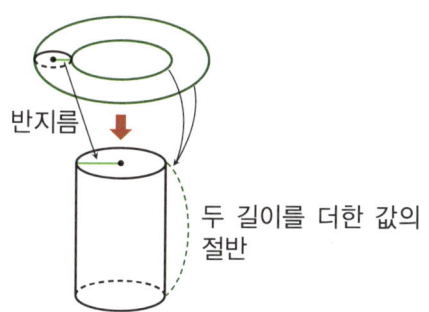

"오지랖 팀의 설명을 어떻게 들으셨나요? 도넛의 부피를 쉽게 구할 수 있다는 점에서 참 감동적이지 않나요? 도넛에서 우리는 몇 가지의 길이만 알고 있어도 쉽게 부피를 구할 수 있는 셈이군요. 이건 공식으로 알아 둬도 괜찮겠네요.

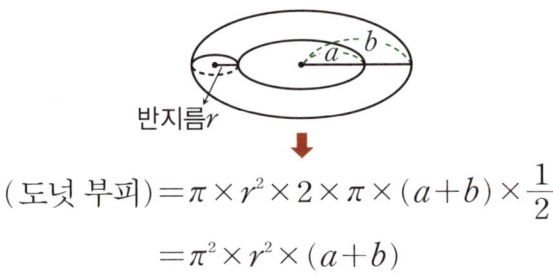

$$(\text{도넛 부피}) = \pi \times r^2 \times 2 \times \pi \times (a+b) \times \frac{1}{2}$$
$$= \pi^2 \times r^2 \times (a+b)$$

만약 도넛 단면의 원의 반지름이 2cm이고, 도넛의 중심에서 바깥 큰 원의 반지름은 5cm, 작은 원의 반지름이 2.5cm라면, 도넛의 부피는 $30\pi^2 \text{cm}^3$이니까 약 296cm^3 정도 부피의 도넛을 먹은 셈이네요.

오지랖 팀이 재밌는 내용의 예를 잘 설명해 주었습니다. 하지만 너무 특수한 모양의 입체라서 다른 일반적이고 울퉁불퉁한 입체의 경우에는 적용하기가 좀 곤란하겠네요. 그래도 우리에게 좋은 아이디어를 제공해 준 오지랖 팀에게 박수 한번 주세요. 짝짝짝짝. 이제 우리는 스텔라 팀의 설명만을 남겨 놓고 있습니다. 좋은 설명 기대합니다."

"스텔라 팀입니다. 앞 팀들이 너무나도 설명을 잘해 줘서 약간 부담이 되긴 하지만, 열심히 준비해 봤습니다.

우선 맨 처음에 설명한 설레발 팀처럼 부피를 구하기에 앞서 넓이를 구하는 방식에 대해서 생각해 볼게요. 다음과 같이 생긴 도형의 넓이를 어떻게 구할까요?

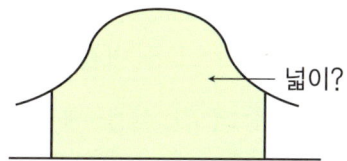

가로로 일정하게 잘라 볼게요. 아랫부분은 직선이지만, 윗부분은 곡선이니까 각각의 모양의 넓이를 구하는 것이 쉽지 않습니다. 따라서 우리는 사각형의 넓이를 구할 수 있으니까 모두 사각형으로 만들어 보겠습니다.

그러나 그 사각형들이 모두 일정한 모양을 가지고 있진 않겠죠? 다음 그림을 통해서 어떻게 사각형으로 만드는지 살펴보겠습니다.

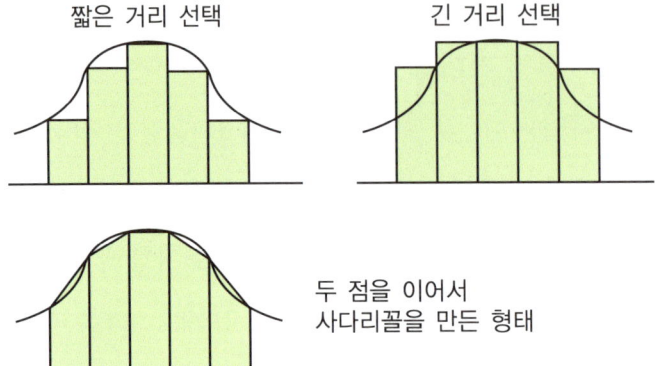

먼저 곡선 부분과 만나는 두 점 중에서 아랫부분의 직선까지의 거리가 짧은 것을 택하여 그 길이를 세로로 하는 직사각형을 만듭니다. 물론 거리가 더 긴 것을 세로로 해서 직사각형을 만들 수도 있겠죠. 아니면, 곡선과 만나는 두 점을 이어서 사다리꼴을 만들어도 된답니다. 직사각형과 사다리꼴은 우리가 넓이를 쉽게 구할 수 있으니까요.

> **Tip 사다리꼴의 넓이**
>
> (사다리꼴의 넓이)=$\frac{1}{2}$×(아랫변 길이+윗변 길이)×(높이)

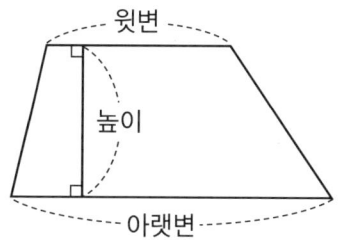

 이렇게 사각형들의 넓이의 합을 구하면 구하고자 하는 넓이와는 오차가 생기기 마련이죠. 하지만 가로로 일정하게 나눈 부분을 좀 더 세밀하게 나눈다면 그만큼 오차는 작아지고, 바로 가로 부분을 무한히 잘게 쪼개면 마치 직사각형이나 사다리꼴이 직선처럼 보입니다. 설레발 팀이 직선이라고 한 부분이 바로 이 사각형을 두고 한 말인 것 같네요. 따라서 직선들의 합이 넓이가 될 수 있다고 하겠습니다. 이제 원뿔의 부피를 구하겠습니다. 우리는 원기둥의 부피를 구할 수 있으니 이것을 이용하도록 해요.

 이제 원뿔을 우리가 구할 수 있는 작은 원기둥 부피의 합으로 표현할 수 있게 잘게 쪼개 볼게요. 그러면 다음의 그림과 같은 모양이 됩니다.

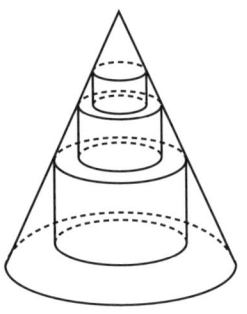

 원뿔의 높이를 일정하게 나눴으므로, 원기둥의 높이를 알고 있답니다. 또 단면적인 위아래 두 원 중에서 그림에서는 작은 원을 원기둥의 밑면이 되게 했는데요, 반지름도 알 수 있겠군요. 따라서 잘라진 원기둥들은 모두 원의 반지름은 다르지만 '구할 수 있는' 부피가 됩니다. 하지만 만약 우리가 원뿔의 높이를 더욱 잘게, 무한히 많은 수가 되도록 원기둥을 만든다고 생각해 봅시다. 그러면 높이는 거의 0에 가깝게 됩니다. 마치 높이가 없는 원의 넓이를 합하는 것과 같은 효과가 된다고 생각하면 되겠네요. 따라서 우리는 연속적인 무한개의 원의 넓이들을 합하게 되는 셈인데 이것이 바로 부피가 되는 원리가 되겠죠. 결국 단면적들의 합으로 부피를 구할 수 있는데, 극한이라는 개념을 이용하면 우리가 할 수 있는 일이 많아진답니다."

"여러분, 친절하게 설명해 준 스텔라 팀에게도 박수를 보내 주세요. 우리가 2단계에서 하고 싶었던 얘기를 아주 쉽게 이해할 수 있도록 설명해 주었습니다. 네, 맞습니다. 잘게 쪼개서 더하다 보면 너무 잘게 쪼개서 때로는 0에 가까운 값이 생기기도 하는데, 정확히 0은 아닙니다. 이렇게 잘게 무한히 잘라서 합하는 것을 우리는 '구분구적법 區分求積法'이라고 하는데, 넓이나 부피를 구할 때 우리가 적분을 사용하는 원리가 됩니다. 아마 이 부분에 대해서는 다음 단계의 문제에서 출연자분들이 설명해 줄 기회가 있으리라 생각됩니다.

구분구적법 區分求積法

도형의 넓이나 부피를 구할 때, 도형을 여럿으로 구분해서 그 넓이나 부피의 합을 구하고 그 합의 극한값으로써 계산하는 방법

2단계까지 문제를 풀어 봤는데요, 점수 차이가 크지 않아서 3단계로 곧바로 넘어가기엔 무리가 있겠다 싶은 생각이 드네요. 2단계에서 좀 더 우열을 가려내기 위해 보너스 OX문제를 하나 내야 할 것 같습니다. 그에 앞서 잠시 긴장을 풀기 위해 휴식 시간을 갖도록 하겠습니다. OX문제는 좀 더 흥미진진한 아이디어가 필요한 문제로 준비되니 기대해 주세요."

수업정리

❶ 직선들의 합으로 넓이를 생각해 볼 수 있듯, 단면적들의 합으로 부피를 구할 수 있습니다. 이때 극한이라는 개념이 들어가기 때문에 마치 직선은 직사각형의 가로의 길이가 0에 가까운 상태의 넓이를 의미하고, 단면적은 높이가 0에 가까운 입체의 부피라고 생각하면 됩니다.

❷ 도형이나 입체를 여러 개로 구분해서 넓이나 부피를 구한 값을 극한값으로 계산하는 방법을 구분구적법이라고 하는데, 이것은 결국 정적분의 기초가 됩니다.

4교시

구의 부피와 겉넓이

구의 겉넓이를 이용하면 부피를
구할 수 있는지 알아봅니다.

수업 목표

구의 겉넓이를 이용해서 부피를 구할 수 있습니다.

1. **구의 겉넓이** 반지름이 r인 구의 겉넓이는 $4\pi r^2$.

2. **구의 부피** 반지름이 r인 구의 부피는 $\dfrac{4}{3}\pi r^3$.

3. **카발리에리의 원리** 두 평면도형이 한 쌍의 평행선 사이에 들어 있고 이 직선과 평행한 임의의 직선을 평행선 사이에 그었을 때, 그 직선에 의해 잘린 평면도형의 두 선분의 길이가 항상 같다면 두 평면도형의 넓이는 같습니다. 좀 더 자세한 설명은 《리만이 들려주는 적분 1 이야기》의 일곱 번째 수업을 참고하세요.

리만의 네 번째 수업

"자, 이제 간단한 OX문제가 나갑니다. 다음 명제의 참, 거짓을 판별해 주세요."

> 구의 겉넓이를 알면 부피를 구할 수 있다.

"먼저 오지랖 팀의 설명을 들어 보도록 하겠습니다."
"저희 오지랖 팀은 O라고 생각합니다. 겉넓이를 알면 부피를 구할 수 있습니다. 이건 앞에서 스텔라 팀이 설명한 원뿔의 부피를 구하는 방식을 잘 이해하면 쉽게 구할 수 있을 것 같습니다. 그리고 앞에서 저희가 설명한 도넛의 부피를 구하는 방식에서도 아이디어를 가져오면 되겠군요.

  스텔라 팀에서 설명한 내용을 보면, 원뿔의 부피를 구할 때 작은 여러 개의 원기둥으로 나누어서 그 원기둥의 부피를 구하는 방식을 취했습니다. 그런데 거기에서 극한의 개념이 들어가면 결국 원뿔의 높이에 따른 단면의 반지름의 길이를 구할 수 있으므로 단면적인 원의 넓이를 합하는 것과 같지요. 여기서의 핵심은 아마도 '높이에 따른 단면의 반지름의 길이를 구할 수 있다.'라는 점이 되겠습니다. 밑면과 평행하게 자르면 단면은 항상 원이 될뿐만 아니라 오차를 허용한 상태에서 만들어 낸 원기둥은 우리가 '구할 수 있는 부피'라는 점입니다. 이런 점에 착안해서 구를 잘라야겠습니다.

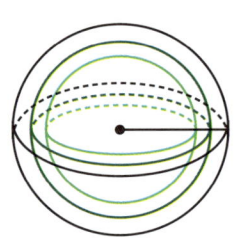

구를 양파라고 생각을 합시다. 양파는 껍질을 벗겨 내도 또 껍질이 나오죠. 바로 이런 양파 껍질이 되게끔 반지름에 해당되는 선을 등분하여 껍질이 되는 모양으로 구분합니다.

이 각각의 껍질의 부피를 구할 수 있으면 됩니다. 이 껍질들의 부피를 구하기 위해서는 도넛 모양을 잘라서 붙였던 아이디어가 필요합니다. 도넛 모양을 잘라서 '엇갈려' 연결하듯이, 이 양파 껍질도 조각을 내야 합니다. 물론 잘게 많은 조각으로 낼수록 우리가 구할 수 있는 부피가 되겠죠. 양파 껍질을 쪼갤 때는 특별히 어딘가를 중심으로 등분할 필요는 없지만, 그래도 정확히 자르고 싶다면 구 모양의 중심이 되는 점을 지나가게끔 해서 자르면 될 듯합니다. 이렇게 작은 조각으로 나누어지면, 서로 잘라진 면을 엇갈려서 붙여 봅시다. 한 번은 오목하고 한 번은 볼록한 모양이 되겠죠. 작은 조각일수록 올록볼록한 모양은 점점 평평해질 테고, 그러면 우리는 비로소 부피를 구할 수 있습니다. 높이가 일정하면, 높이에 따른 넓이는 모두 밑면의 넓이와 같아지는 효과가 있기 때문입니다.

입체의 부피는 기둥 모양이라면 밑면의 넓이와 높이만 알 수 있으면 됩니다. 밑면에 해당되는 넓이는 껍질의 안쪽과 바깥쪽

의 넓이를 합한 것의 반이 됩니다. 껍질들의 넓이라는 것은 결국 구의 '겉넓이'를 뜻하는 것이므로 우리가 구할 수 있는 값이 됩니다. 높이 역시 반지름을 등분한 것의 하나의 크기가 되므로 알고 있는 값이기도 합니다. 결국 껍질 하나의 부피를 구할 수 있다는 뜻이 되므로, 아주 작은 조각으로 나눈다면 겉넓이를 이용해서 구의 부피를 구할 수 있다는 것은 가능한 경우가 됩니다."

"오지랖 팀의 설명 잘 들었습니다. '잘게 쪼개고 더한 후, 극한값'을 구하는 방식은 참 여기저기에서 유용하다는 생각이 들게끔 하는 설명이었습니다. 결국 우리가 2단계에서 살펴본, '단면적을 합하면 부피'라는 내용을 다시 한번 확인시켜 주는군요. 다른 팀들은 또 어떤 생각을 하고 있는지 더욱 궁금해지는군요. 이제 설레발 팀 의견을 들어 보기로 합시다."

"네, 설레발 팀입니다. 앞에서 오지랖 팀이 설명을 잘해 주셨네요. 저희는 좀 더 직관적으로 이 내용을 파악하려 합니다. 일단 오지랖 팀처럼 겉넓이를 이용해서 부피를 구할 수 있다는 것에는 동감합니다.

저희는 구를 다른 방법으로 쪼개 보겠습니다. 오지랖 팀이 구의 중심에서 점점 커지는 구를 만들어지게끔 껍질 형태로 입체를 나눴다면, 저희는 이 구를 폭파시키겠습니다. 깜짝 놀라셨나요? 정말 폭파시키려는 건 아니고요, 구의 중심에서 바깥쪽으로 쫘악 갈라지게끔 만든다는 겁니다.

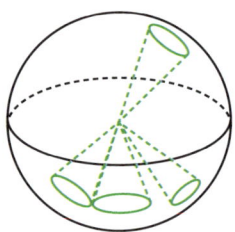

위 그림에서 보는 바와 같이요. 구의 중심 쪽에 뾰족한 모양이 여러 개가 됩니다. 이 각각의 뾰족뿔의 부피 합이 바로 구의 부피가 되겠죠. 각각의 밑면에 해당되는 넓이에 높이인 구의 반지름을 곱하고, 뿔이기 때문에 $\frac{1}{3}$배를 하게 되면, 하나씩의 넓이가 됩니다. 구의 겉넓이를 S라고 하고, n개로 조각낸 것들의 밑넓이를 각각 S_1, S_2, S_3, ……, S_n이라고 하면, $S=S_1+S_2+S_3+……+S_n$이 됩니다. 구의 반지름을 r이라고 하면 결국 구의 부피는 다음과 같습니다.

$$V=\frac{1}{3}S_1r+\frac{1}{3}S_2r+\frac{1}{3}S_3r+……+\frac{1}{3}S_nr$$

$$V = \frac{1}{3}r(S_1 + S_2 + \cdots\cdots + S_n) = \frac{1}{3}rS$$

따라서 구의 겉넓이는 $S = 4\pi r^2$이므로, 구의 부피는 $V = \frac{4}{3}\pi r^3$임을 알 수 있겠죠.

(구의 부피) $= \frac{1}{3} \times$ (반지름) $\times$ (구의 겉넓이) $= \frac{4}{3} \times \pi \times$ (반지름)^3

조금 다르게 생각하더라도 결론은 마찬가지입니다. 이 뾰족뿔들은 하나하나 개별적으로 흩어져 있습니다. 이것들의 밑면이 모두 붙어 있다고 해도 위쪽으로 갈수록 사이사이의 간격은 넓어집니다. 여기에서 이런 내용을 생각해 낸다면 좀 더 쉬워진답니다. 마치 카발리에리의 원리를 적용한 것과 같은 내용입니다. 즉, 밑면과 평행하게 잘린 부분의 단면적이 같으면 두 입체도형은 같은 부피를 갖게 됩니다.

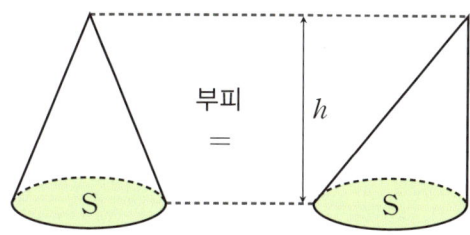

> 뿔에서 밑넓이와 높이가 같다면, 기울어진 것에는 상관없이 부피는 같다.

즉, 뿔들을 조금씩 기울어지게 만들어서 끝의 뾰족한 부분이 하나가 되게 합쳐 봅시다.

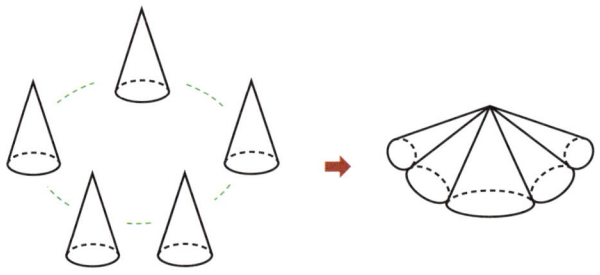

이렇게 되면 결국 구하는 것은 하나의 뿔이 되고, 밑면은 구의 겉넓이와 같은 넓이를 가지고, 높이는 구의 반지름과 같은 상황이 됩니다. 결국 조금 전에 구한 결괏값과 같이 구의 부피를 간단하게 구할 수가 있겠죠."

"아, 설레발 팀의 '하나의 뿔'로 만든 구의 부피는 정말 쉽게 와 닿네요. 이거 2단계의 우열을 가리기 힘들어서 간단한 퀴즈로 조금이나마 점수 차이를 내 보려고 하는 중인데, 역시나 만만치 않습니다. 마지막 스텔라 팀의 설명도 더욱 궁금해집니다."

"스텔라 팀입니다. 구의 부피를 구하기 전에 구의 모양이 어

> **메모장**
> ❽ 회전 어느 한 선을 축으로 하여 도형이나 입체 등을 돌림.

떻게 만들어졌는지를 살펴보면 좀 더 쉽게 접근할 수 있을 듯합니다. 구는 원을 회전❽시키면 됩니다. 정말 간단한데, 이 회전체의 성질이 참 재미있습니다.

회전축에 수직인 직선으로 회전된 물체를 잘라 보면 단면적은 모두 원이 됩니다.

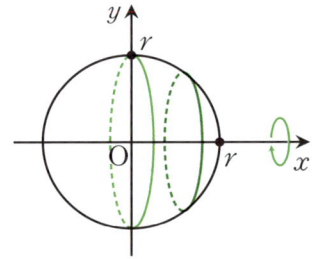

좌표평면에 원점을 중심으로 하고 반지름 r인 원을 그려 봅시다. 이 원을 x축을 회전축으로 해서 회전시키면 구가 되겠죠. 우리는 이 구의 부피를 구하게 되는데, 회전축에 수직이 되게 자르면 자른 선은 구와 만나서 원을 만들게 됩니다.

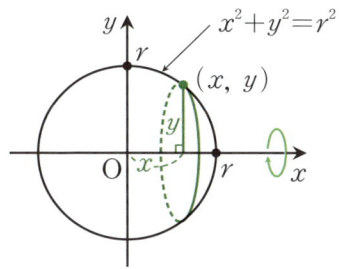

 이렇게 만들어진 단면들은 각각의 점 (x, y)에서 y값을 반지름으로 갖는 원이 생기게 된다는 걸 알 수 있어요. 반지름이 y인 원이므로 우리는 회전축에 수직이 되게끔 촘촘하게 절단되는 단면적을 원의 넓이를 이용해서 구할 수 있습니다. 구의 반만 구하여 2배를 한다고 생각하면, x값이 0에서 r값까지 변할 수 있고 $x^2+y^2=r^2$의 관계를 가지는 상황에서 πy^2의 값을 더하는 방식이 될 것입니다. 이것은 정적분❾을 사용하면 간단히 계산할 수 있습니다.

> **메모장**
> ❾ **정적분** 주어진 구간에서의 적분을 의미하며, 쪼개서 더한다는 구분구적법의 원리를 이용한다.

 '단면적을 알면 부피를 구할 수 있다.'는 것을 우리는 이미 알고 있으므로 구의 부피를 구할 수 있게 됩니다."

 아, 설명을 끝낸 스텔라와 나는 그 순간 마주 보며 '아차!' 싶었습니다. 2단계 본래 문제에서 단면적을 이용해서 부피를 구한다는 사실에 집중한 나머지, '구의 겉넓이'를 이용하라는 내용은 전혀 사용하지 않아 버렸습니다. 다른 팀의 설명까지 듣고 있자니, '구의 부피를 어떻게 구하지?'라는 생각에 너무 몰두하고 있었나 봅니다. 겉넓이를 이용해서 부피를 구할 수 있는지의 여부를 묻는 건데, 완전히 '구의 부피를 어떻게 구하는지'로 문제를 바꿔 버린 셈입니다. 이번에 우승의 바탕을 탄탄하게 하고 3단계에서 쉽게 가고 싶었는데, 다른 팀과 마찬가지의 상황이 되어 버렸습니다. 눈물이 날 것 같지만 어쩔 수가 없어요. 이미 엎질러진 물이니까요. 사회자의 말이 더욱 확실하게 이 사실을 짚어 주고 있네요.

"2단계 추가 문제까지 모두 풀어 봤습니다. 팀별 점수 차이를 좀 더 두고 3단계로 넘어가려고 냈던 OX문제인데, 오히려 더 알 수 없는 상황이 되어 버렸습니다. 마지막 스텔라 팀이 구의 겉넓이를 이용하지 않고 부피를 구하는 내용으로 갔네요. 물론 원을 회전시켜서 생긴 것이 구가 된다는 사실을 이용해서 좌표에서도 쉽게 계산이 가능할 수 있는 형태로까지 접근해 준 것까지는 참 좋았습니다. '정적분'이라는 용어도 써 주셨는데, 오늘 '적분'이라는 주제를 다루다 보면 뒤에서 나올 수밖에 없는 중요한 내용이기도 합니다. 퀴즈쇼를 끝까지 함께한다면 '정적분'과도 친근함을 느끼실 수 있을 겁니다. 결국 제일 간단한 방법으로 몇 줄의 계산만을 통해서 구의 부피를 구할 수 있게 된다는 것을 알려 준 유익한 설명이기도 하고요.

하지만 우리 퀴즈쇼의 특징은 주어지는 조건을 만족해야 함을 한시라도 잊지 말아 주셔야 합니다. 문제를 못 푸는 경우도 있긴 하지만, 워낙 참가자들의 실력이 출중하기 때문에 조건을 깜빡해서 점수가 깎이거나 탈락되는 경우가 더욱 많습니다.

이제 3단계로 넘어가야 할 시간이 왔습니다. 3단계에서는 적분의 의미를 수식으로 표현하는 테스트입니다. 아무리 아이디어가 뛰어나더라도 이것을 정리하고 명확히 하지 못한다면, 완성된 내용이 아닐 겁니다. 주제는 세 가지가 있습니다. 첫 번째는 부정적분이란 무엇인지에 대한 내용이고, 두 번째는 부정적분에서 원시함수 구하는 방법, 마지막 세 번째는 정적분에 의해 넓이와 부피 등을 어떻게 구할 수 있을지에 대한 내용입니다. 제비뽑기를 해서 순서를 정하도록 하겠습니다.

자, 순서가 정해졌습니다. 설레발, 오지랖, 스텔라 팀 순서로 정해졌으니 각 팀별로 정해진 주제에 대해 정리할 시간을 드리겠습니다. 잠시 후에 순서대로 발표를 시작하겠습니다.

수업정리

❶ 구의 겉넓이를 이용해서 구의 부피를 구할 수 있음을 직관적으로 알 수 있습니다. 양파 껍질 모양으로 나누어서 생각할 수도 있고, 뿔의 부피를 이용해서 구할 수도 있습니다.

❷ 구의 부피는 원을 회전시킨 것과 같으므로, 회전축에 수직으로 자른 단면적들이 원임을 이용하여 단면적들의 합을 구함으로써 구의 부피도 구할 수 있습니다.

❸ 물론 반지름이 r인 구의 겉넓이는 $4\pi r^2$이고, 부피는 $\frac{4}{3}\pi r^3$임을 알고 있는 것도 중요하겠죠.

5교시

부정적분과 정적분

부정적분과 정적분에 대해서 알아봅니다.

수업 목표

부정적분과 정적분의 뜻을 알고, 둘 사이의 관계를 이해합니다.

 미리 알면 좋아요

1. **부정방정식** 미지수의 개수가 식의 개수보다 많아서 해가 무수히 많은 경우에 주어진 방정식을 부정방정식이라고 합니다.

2. **역함수** 정의역과 치역을 바꾸어 역으로의 대응 관계로 이루어진 함수로, 원래 함수가 일대일 대응일 때 역함수가 존재합니다.

3. $f(x)$를 x에 대해 미분한 함수 $f'(x)$를 도함수라고 합니다.

4. $f(x)=x^n$을 미분하면 $f'(x)=nx^{n-1}$이 됩니다.
특히, $f(x)$가 상수일 때, 즉 $f(x)=c$ 등으로 나타날 때, $f'(x)=0$이 됨을 알 수 있습니다.

리만의 다섯 번째 수업

"설레발 팀입니다. 이제 시나브로 마지막 문제 풀이까지 왔네요. 부정적분의 뜻은 쉬운 듯하면서도 어려운 느낌이 드는데요, 먼저 '부정'의 뜻을 이해해야 될 것 같습니다.

'부정不定'이라는 뜻은 '정해지지 않음' 혹은 '일정하지 않음'을 뜻합니다. 수학에서 흔히 쓰이는 뜻은 '너무 많아서 정할 수가 없을 정도로 많다.'의 의미를 뜻한다고 보면 됩니다. '무수히 많다.'가 되겠죠. 어디선가 들어 보셨나요? '부정방정식'이라는 말이 기억나세요? 여기서도 마찬가지 뜻 맞답니다. 예를 들어, $x+y=5$라는 식을 생각해 볼게요. 방정식 하나입니다. 구해야 하는 값은 x와 y, 2개가 되고요. 만약 이 방정식을 만족하는 x, y값을 구해야 한다면 무엇을 답으로 해야 할까요?

$$1+4=5$$
$$2+3=5$$
$$7+(-2)=5$$
$$1.2+3.8=5$$
$$(\sqrt{2}-1)+(6-\sqrt{2})=5$$
$$\vdots$$

x, y값이 될 수 있는 것은 너무나도 '많다'는 것입니다. 실수 범위에 있는 두 수의 합이 5가 되는 경우는 셀 수 없이 많으니까요. 이렇게 문자는 2개이고 식이 1개인 방정식처럼, 구해야 하는 값미지수, 변수의 개수보다 가지고 있는 식의 개수가 적을 때, 우리는 방정식을 만족하는 해를 정확히 무엇무엇인지를 말하기 어렵게 됩니다. 해가 너무나도 많아서죠. 이런 방정식을

바로 '부정방정식⑩'이라고 해요.

> **메모장**
> ⑩ **부정방정식** 미지수의 개수가 주어진 식의 개수보다 많을 때, 그 식을 만족하는 값이 무수히 많아지는데, 이런 방정식을 부정방정식이라고 함.

물론 연립방정식일 때도 부정방정식이 되는 경우가 있습니다. 다음과 같은 연립방정식을 생각해 봅시다.

$$\begin{cases} x+y+z=10 \\ 2x+y-z=5 \end{cases}$$

이 연립방정식도 미지수의 개수 x, y, z의 3개가 식의 개수 2개보다 많습니다. 두 식을 더하면 $3x+2y=15$가 되는데, 마찬가지로 두 식에서 한 문자 z를 소거하고 나니까, 식은 하나이고 미지수는 2개이기 때문에 주어진 방정식을 만족하는 값은 무수히 많아지게 되죠. 아까 보았던 부정방정식의 꼴이 됩니다. 따라서 주어진 연립방정식의 해는 무수히 많아서 정할 수가 없게 되어 '부정'이라고 해야겠네요. 이제 '부정'의 뜻이 이해가 되죠? 따라서 우리가 살펴봐야 하는 '부정적분⑫'도 하나가 아니라 '많다'는 사실을 기억해 두기로 합시다.

> **메모장**
> ⑫ 부정적분 '부정'이라는 뜻에서 알 수 있듯이, '그 수가 많이 있음'을 기억해 둡시다.

두 번째로 우리가 짚고 넘어가야 할 것은 '역함수'입니다. '함수'라는 것은 두 집합 사이의 대응 관계를 뜻합니다. 두 집합 사이의 원소를 대응시킬 때, 두 집합 중 한쪽은 정의역이라고 하고, 다른 한쪽은 공역이라고 하는데, '역함수'라고 하는 것은 이 대응 관계에서 정의역과 공역의 개념을 바꾼 것이라고 생각하면 됩니다. 역함수에서 '역'이 바로 '易 바꿀 역'입니다.

다음과 같은 두 집합의 연결을 생각할게요.

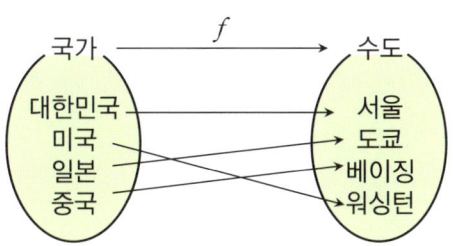

'국가'라는 이름을 가진 집합이 정의역, '수도'라는 이름의 집합이 공역입니다. 국가에 대한 수도를 각각 찾는다는 관계를 함수 f라고 한다면, 우리는 거꾸로 수도에 대한 국가도 찾을 수 있게 됩니다. 이렇게 원래 함수를 거꾸로 순서를 바꿨을 때의 대응 관계를 나타낼 때, 원래 함수 f의 역함수 f^{-1}이라고 표현합니다. 함수 f가 일대일 대응일 때 가능하죠.

이제 본격적으로 부정적분에 대해 알아볼 수 있을 것 같습니다. 우리는 어떤 함수 $f(x)$가 있을 때, 이 함수를 미분한 함수를 도함수라고 하고, $f'(x)$라고 해서 위에 점을 하나 찍어서 원래 함수와 구별을 합니다. '미분을 한다.'는 뜻은 '도함수를 구한다.'는 뜻이죠. 이제 우리는 이런 미분의 반대 과정을 생각합니다.

예를 들어서 x^3을 미분하면 $3x^2$이 된다고 알고 있습니다. 다음 함수들을 살펴볼게요.

$$f_1(x)=x^3+1$$
$$f_2(x)=x^3-2$$
$$f_3(x)=x^3+\frac{1}{2}$$
$$f_4(x)=x^3+(\sqrt{2}+1)$$
$$\vdots$$

맞아요. 모두 x가 3차인 삼차함수예요. 다른 점은 상수에서 차이가 나고 있네요. 그리고 이 함수들을 미분하여 도함수를 구해 보면, 상수항은 모두 0이 되니까 결국 도함수가 모두 $3x^2$ 으로 같아지겠네요.

$$f_1'(x)=f_2'(x)=f_3'(x)=\cdots\cdots=3x^2$$

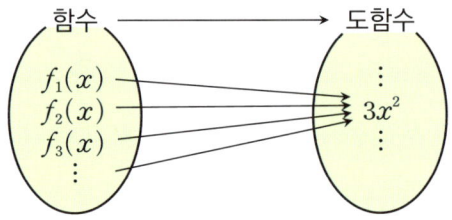

앞의 그림처럼, 정의역을 함수들을 모아 놓은 집합으로 하고, 공역을 도함수들을 모아 놓은 집합이라고 한다면, 대응 관계를 얻을 수 있게 됩니다. 이제 거꾸로 생각해 볼까요? 만약 미분해서 $3x^2$이 나오는 원래 함수는 무엇일까요? x^3일까요? 아니면 x^3+1, x^3-2, …… 어떤 것이 될까요? 네, 모두가 미분해서 $3x^2$이 나오는 함수가 됩니다. 역함수처럼 하나가 아니라 여러 개가 될 수 있기 때문에 '역'이라는 말은 사용할 수가 없게 된 것이고요, 오히려 '너무 많아서 정할 수가 없기' 때문에 '부정'이라는 말을 사용할 수가 있겠네요. '미분'의 거꾸로의 과정이 바로 '적분'입니다. 미분하기 전의 함수를 '원시함수primitive function, 原始函數'라고 하고 이 원시함수를 찾는 과정을 우리는 '부정적분indefinite integral, 不定積分 한다'라고 말하는 것입니다.

> **쏙쏙 이해하기**
>
> 원시함수 : 미분하기 전의 원래의 함수.
> 부정적분 : 원시함수를 구하는 과정을 뜻함.

 만약 $f(x)$를 미분해서 $f'(x)$가 된 거라면, 미분할 때는 점 '을 찍어서 표현하듯, 적분을 한다는 표현은 $\int$ 인티그럴을 사용하여 나타냅니다.

 $\int f'(x)dx = f(x) + C$ (C는 상수)라고 하면, 상수 C값에 따라서 무수히 많은 함수를 다 표현한 식이 됩니다."

설레발 팀은 정말 차분하게 설명을 잘하고 있다고 스텔라와 나는 생각했어요. 용어에 왜 '부정'이란 말이 붙었는지까지 듣고 나니 좀 더 부정적분과 친해지는 느낌이 듭니다. 그렇다면 '정적분definite integral, 定積分'은 어떻게 설명할지 대강 짐작이 되는걸요. 용어의 뜻만 정확히 알아도 많은 걸 자연스럽게 연결시킬 수 있는 겁니다. 이름을 짓고, 뜻을 부여하는 것은 참 의미 있는 일이에요.

"이제 '정적분'에 대해 말씀드릴게요. 정적분의 '정定'은 '정해져 있다.'라는 뜻이죠. 부정적분과는 달리, 한 가지로 정해진다는 뜻입니다. 이 정적분을 이해하려면 우선 앞에서 잠깐 나왔던 '구분구적법mensuration by parts, 區分求積法'에 대해서 좀 더 생각을 해야겠어요. '쪼개서 더한다.'의 의미를 갖는 말이죠.

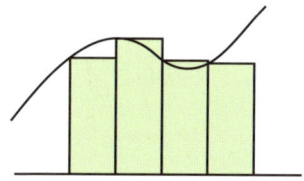

2단계 문제를 해결하면서 우리는 면적을 구할 때 가로의 길이를 일정하게 등분하여 직사각형 기둥을 세웠죠. 셀 수 있는

이 각각의 직사각형의 넓이를 더한 값이 바로 전체의 넓이가 됩니다. 물론 곡선으로 이루어진 영역의 넓이를 구할 때는 오차가 생기기 마련입니다. 그런데 이때, 가로의 길이를 '무수히 많은 조각으로 잘게' 쪼갠다는 것은 '무한'을 생각한다는 뜻이고, 극한값을 구한다는 의미와 같아요.

직사각형의 넓이는 셀 수 있는 것을 더하기 때문에 ∑_{시그마}를 사용합니다. ∑는 '셀 수 있는 것_{유한}'을 '더할 때' 사용합니다. 그런데 이것을 '무수히 많은 조각'으로 자른다는 것은 극한인 lim_{리미트}를 사용하는 셈입니다. 즉, 곡선으로 둘러싸인 부분의 넓이를 구하기 위해서는 lim와 ∑를 동시에 써야 하는 겁니다. 이런 과정을 한 번에 하면, 즉 '무한개를 더하자'의 의미가 되는데, 이것을 우리는 $\int$ 이라고 간추려 쓰는 겁니다.

$$\lim \Sigma = \int$$

그래서 $\int_a^b f(x)dx$라고 하는 뜻은 $x=a, x=b, x$축, $y=f(x)$의 직선 혹은 곡선들이 만들어 내는 부분의 넓이를 뜻하게 됩니다. 이 $\int_a^b f(x)dx$ 값을 구하는 것을 '정적분한다'라고 알아

두면 됩니다.

그런데 이상한 점을 발견했나요? 부정적분과 정적분에서 모두 $\int$을 사용하고 있는데, 둘의 관계는요?

구분구적법을 이용하여 넓이를 구하는 것을 정의한 정적분이 알고 보니 부정적분을 하는 과정과 유사하고, 미분과 이들의 관계가 밝혀졌습니다. $\frac{d}{dx}\int_a^x f(t)dt = f(x)$라는 것인데 결국 '$f(x)$의 원시함수, 즉 $f(x)$의 부정적분을 미분하면 $f(x)$ 자신이 나온다.'는 사실입니다. 게다가 정적분 $\int_a^b f(x)dx$값을 계산할 때 Σ, $\lim$의 계산을 일일이 다 할 필요가 없이 $f(x)$의 원시함수가 F(x)라면, $\int_a^b f(x)dx =$ F$(b)-$F(a)임이 밝혀져서 계산도 훨씬 쉬워졌답니다. 결국 어떤 함수의 원시함수를 구할 수만 있다면, 아무리 곡선이라 할지라도 정적분으로 표현해서 간단한 계산으로 넓이를 구하는 것이 가능해졌답니다."

"설레발 팀의 깔끔한 설명 잘 들었습니다. 중간에 수식이 하나하나 나오기 시작하는데, 이 표현은 아마 나머지 두 팀의 설명에서 많이 사용될 것으로 생각됩니다. 설레발 팀이 부정적분과 정적분의 의미를 설명해 줬는데, 이 부정적분을 해서 나오게 되는 원시함수에 대해서 오지랖 팀이 자세한 설명을 해 줄 테고, 정적분을 활용해서 넓이나 부피를 구하는 과정을 바로 스텔라 팀이 설명해 줄 겁니다. 뒤의 두 팀이 좀 더 편안한 마음으로 설명을 이어 나갈 수 있으리라 믿습니다. 당연히 모든 팀의 설명이 끝난 후에 오늘의 최종 우승자는 가려지게 됩니다. 3단계의 설명이 우승을 좌우하니까 여러분도 최대한 집중해서 들어 주세요. 여러분의 투표도 오늘 우승을 가려내는 데 한몫하게 될 테니까요. 긴장 늦추지 마세요!"

수업정리

❶ 부정적분은 미분하기 전의 원시함수를 구하는 것을 의미합니다.

❷ 구분구적법을 보다 편하게 하기 위한 표현으로 정적분을 정의합니다. 이 정적분은 부정적분과도 밀접하게 연관이 되어 있습니다. 정적분을 계산하기 위해서는 원시함수를 구해야 하는데, 바로 이 원시함수를 구하는 과정이 부정적분이기 때문입니다.

❸ $f(x)$의 원시함수가 $F(x)$라면, 정적분 $\int_a^b f(x)dx = F(b) - F(a)$로 계산합니다.

6교시

원시함수 구하기

원시함수를 구하는 방법에 대해 알아봅니다.

수업 목표

1. 원시함수를 구할 수 있습니다.
2. 원시함수를 구하기 어려운 경우를 살펴보고, 대안을 찾아봅니다.

미리 알면 좋아요

1. **여러 가지 함수의 미분법**
   (1) 다항함수의 미분법 : $(ax^n)' = anx^{n-1}$
   (2) 몫의 미분법_{분수함수의 미분법} :
   $$\left(\frac{f(x)}{g(x)}\right)' = \frac{f'(x)g(x) - f(x)g'(x)}{\{g(x)\}^2}$$
   (3) 지수함수의 미분법 : $(a^x)' = a^x \ln a$
   (4) 로그함수의 미분법 : $(\log_a x)' = \dfrac{1}{x \ln a}$ (단, $a > 0$, $a \neq 1$)
   (5) 삼각함수의 미분법 :
   $(\sin x)' = \cos x$, $(\cos x)' = -\sin x$, $(\tan x)' = \sec^2 x$

2. **중요한 지수법칙**
   (1) $x^{-n} = \dfrac{1}{x^n}$
   (2) $\sqrt[m]{x^n} = x^{\frac{n}{m}}$

리만의 여섯 번째 수업

"이제 오지랖 팀이 원시함수 구하는 과정에 대해 설명해 줄 차례입니다. 앞에서 설레발 팀이 원시함수의 뜻을 충분히 설명해 주셨기 때문에, 오지랖 팀은 여러 가지 함수의 실제 원시함수 구하는 방법에 대해서만 설명해 주시면 됩니다."

"오지랖 팀입니다. 원시함수를 설명하기에 앞서 우리가 알고 있는 함수의 종류에 대해 살펴보는 게 먼저 해야 할 일이라고 생각합니다. 대표적이고 유용하게 쓰이고 있는 함수의 종류에 대해서 말씀드리자면, 다항함수, 유리함수_{분수함수}, 무리함수, 지수·로그함수, 삼각함수 등이 되겠죠. 이 중에서 가장 착한 함수라고 볼 수 있는 것은 무엇일까요? 아, 여기에서 '착한'은 정말 말 그대로 착한 함수를 말해요. 미분하기도 쉽고 적분하기도 쉽고, 우리가 별다른 어려움 없이도 계산을 편하게 할 수 있는 그런 함수 말입니다. 물론 우리끼리 붙여 준 이름이긴 하지만요.

첫 번째로 다항함수를 적분해 볼게요. 조금 전에 다항함수가 착하다고 했죠? 미분을 어떻게 했는지만 알면, '거꾸로'의 계산 방식만 취해 적분을 할 수 있는데, 아주 간단하게 해결이 된답니다. 다항함수는 x^n 꼴로 나타난 항들의 합과 차로 나타난 함수를 말합니다. 예를 들어, $f(x)=x^3-5x^2+2x+3$ 형태를 말하죠. 다항함수의 미분에서 가장 중요한 것은 무엇일까요?

다항함수의 미분 : $(ax^n)'=anx^{n-1}$

바로 위의 식입니다. ax^n을 미분하면, x의 차수는 하나 줄어들고, 앞에 곱해져 있는 계수 a와 지수였던 n을 곱하면, 미분한 식의 계수가 됩니다. 계산 간단하죠. 그럼 위의 미분 공식처럼 $f(x)=x^3-5x^2+2x+3$을 미분해 볼게요. 여기에서 특히 1차항인 $2x$는 1차였던 항이 0차가 되니까 $x^0=1$임을 이용하면 결국 계수만 남는 꼴이 될 테고, 상수항은 이미 x^0인 상태니까 계수 3이 0과 곱해져서 결국 0이 되어 없어지겠죠.

$$f'(x)=(x^3-5x^2+2x+3)'=3x^2-10x+2$$

그럼 거꾸로 생각해 보겠습니다. $f'(x)=3x^2-10x+2$는 무엇을 미분하면 이렇게 될까요? 좀 전에 $f(x)$를 미분한 거니까 $f(x)=x^3-5x^2+2x+3$이라고요? 아니죠! 상수항은 항상 미분하면 없어지니까 $f(x)$가 될 수 있는 것은 '정할 수가 없게' 됩니다. 즉, 무수히 많은 상황이 되죠. 하지만 상수항만 다를 뿐 다른 부분은 같은 형태를 띠므로 우리는 $f(x)=x^3-5x^2+2x+C$라고 해서, 상수 C 부분을 문자로 쓰면 그 수많은 답이 될 수 있는 원시함수들을 대표해서 쓴 셈이 됩니다. 그래서 흔히 C를 '적분상수[12]'라고 이름을 붙여 주고 있죠. 큰 역할을 하는 녀석이에요. 그 많은 원시함수를 대표하고 있으니까요.

> **메모장**
> [12] **적분상수** 부정적분을 할 때, 상수 차이가 나는 것이 모두 원시함수가 될 수 있기 때문에, 모든 원시함수를 대표해서 상수를 적을 때 흔히 적분상수 C를 씀.

자, 그럼 계산이 거꾸로 된 적분을 좀 더 일반화할 준비가 되었나요? 다음을 좀 관찰하고 생각할까요?

적분
$3x^2 \rightarrow x^3$
$10x \rightarrow 5x^2$
$2 \rightarrow 2x$

먼저 한 가지 공통점은 적분하면 차수가 1만큼 늘어난다는 점이죠. 또 원래 미분할 때 차수에 해당되는 값이 내려와서 '곱해졌던' 거니까 거꾸로 계산한다면 '나누어야' 하겠죠.

$3x^2$에서 차수는 1 늘어나서 3이고, 이 3으로 계수를 나눠서 → x^3
$10x$에서 차수는 1 늘어나서 2이고, 이 2로 계수를 나눠서 → $5x^2$
2에서 차수는 1 늘어나서 1이고, 이 1로 계수를 나눠서 → $2x$

눈치채셨죠! 그럼 일반화라는 것은 이런 거예요. 문자를 사용해서 어떤 경우라도 다 해결할 수 있게 만든 거죠. 그럼 x^n을 적분하는 것도 쉽겠네요. x^n을 부정적분 해서 x^n의 원시함수를 구하는 걸 식으로 정리하면 다음과 같아요.

$$\int x^n dx = \frac{1}{n+1}x^{n+1} + C (C는 적분상수)$$

다항함수 착한 거 금방 동감하시죠? 그럼 다른 함수는 다항함수보다 조금 덜 착한지 확인해 봐야겠네요. 유리함수는 분수함수라고도 하지요. 변수 x가 분모에 들어가 있는 형태를 말합니다. 예를 들어, $\frac{1}{x^2}$처럼요. 보기에도 좀 답답한 느낌이 들죠? 하지만 너무 어렵게 생각하지 않아도 됩니다. 다항함수가 이것까지 해결해 줄 테니까요. 우리는 $\frac{1}{x^2}$을 x^n 형태로 쓸 수 있다는 사실이에요!

$$x^{-n} = \frac{1}{x^n}$$

$\frac{1}{x^2} = x^{-2}$으로 바꿀 수 있으니까, 적분한다면 바로 이렇게 되겠죠.

x^{-2}에서 차수는 1 늘어나서 −1이고, 이 −1로 계수를 나눠서 ➡ $-x^{-1}$

따라서 $\int x^{-2} dx = -x^{-1} + C = -\frac{1}{x} + C$

분수함수도 이렇게 간단하게 다항함수처럼만 해결하면 된다면 무리함수도 마찬가지겠네요. 왜냐하면 무리함수도 분수함수처럼 지수 형태로 바꿀 수 있기 때문이에요. 예를 들어, $\sqrt[3]{x^2}$을 적분하려고 합니다.

$$\sqrt[m]{x^n} = x^{\frac{n}{m}}$$

$\sqrt[3]{x^2}$은 $x^{\frac{2}{3}}$으로 바꿀 수 있으므로 마찬가지로 다항함수처럼

적분가능합니다.

> $x^{\frac{2}{3}}$에서 차수는 1 늘어나서 $\frac{5}{3}$이고, 이 $\frac{5}{3}$로 계수를 나눠서
> ➡ $\frac{3}{5}x^{\frac{5}{3}}$
>
> 따라서 $\int x^{\frac{2}{3}}dx = \frac{3}{5}x^{\frac{5}{3}} + C$

아! 완전 감동입니다. 한 가지로 이렇게 여러 가지 함수에 적용할 수 있으니까요. 그럼 다시 한번 생각해 봅시다. 어떤 것만 기억하면 될까요?

$$\int x^n dx = \frac{1}{n+1}x^{n+1} + C\,(C\text{는 적분상수}, n \neq -1)$$

이것만 잘 활용하면, 다항함수, 유리함수, 무리함수는 부정적분 할 때 아무런 무리가 없겠군요. 그런데 굉장히 특수한 형태 하나는 반드시 주의해야 됩니다. 벌써 눈치챘다면 대단한 관찰력과 수학 실력을 갖춘 분입니다! 위 식에서 잘 살펴보면, $n = -1$이라면 모순이 생겨 버리죠. $\frac{1}{n+1} = \frac{1}{0}$이 되어 분모에

절대로 쓰지 말자고 약속한 0이 들어가 버리니까요. 즉, 위 식은 '$n \neq -1$일 때 성립'하는 식입니다.

$n=-1$인 경우에는 $x^{-1}=\dfrac{1}{x}$을 적분하라는 뜻인데, 우린 여기에서 거꾸로 생각해 보면 됩니다. 어떤 함수를 미분하면 $\dfrac{1}{x}$이 될까요? 바로 자연로그[13] $\ln x$를 미분하면 $\dfrac{1}{x}$이 됩니다. 따라서 이건 따로 기억해 둬야겠습니다.

> **메모장**
> [13] 자연로그 밑을 무리수 e로 가지는 로그. 예를 들어 $\log_e x$인 셈인데, 간단하게 $\ln x$라고 씀. $e=2.7182\cdots\cdots$가 되는 무리수.

$$\int \frac{1}{x}dx = \ln|x| + C$$

그럼 다른 일반적인 지수함수와 로그함수에 대해서도 한번 알아볼까요? 지수함수의 미분을 생각해야 또 우리는 적분을 할 수 있으니까 기억해 보기로 합시다. 2^x을 미분하면 어떻게 될까요? 의외로 지수함수는 간단했죠. 원래 함수에 상수 하나만 간단하게 곱하면 되니까요. $(2^x)' = 2^x \ln 2$가 됩니다. $\ln 2$가 곱해졌죠. 그럼 미분하면 상수가 '곱해지니까' 이 계산을 반대로 한다면, 상수로 '나누어' 주면 된답니다.

$$(a^x)' = a^x \ln a$$

따라서 이때 나누어야 하는 상수만 챙기면 되는데, 지수함수에서 밑으로 쓰고 있는 수의 자연로그값을 생각하면 되는군요. 따라서 다음과 같이 정리될 수 있어요.

$$\int a^x dx = \frac{a^x}{\ln a} + C$$

특히 지수함수의 밑이 e라면, $\ln e = 1$이므로 훨씬 적분이 간단합니다.

$$\int e^x dx = e^x + C$$

e^x는 미분을 해도 적분을 해도 상수 이외에는 변하는 게 없는 셈입니다. 아, 이게 다항함수보다 더 착하다고요? 네, 저희도 그렇게 생각합니다. 모든 함수가 e^x 형태만 되면 좋겠어요."

하하하……. 오지랖 팀이 오늘 우리에게 '착하다'의 뜻을 제대로 가르쳐 주고 있는 것 같네요. 가끔 숫자 계산이 깔끔할 때, 숫자가 참 '예쁘다'라고 내가 말했던 것이 생각나서 피식 웃음이 나는군요. 숫자나 식을 보면서 드는 생각은 다 비슷비슷한가 봐요. 오지랖 팀의 설명도 이제 많이 남지는 않은 것 같아요. 재미있는 설명, 끝까지 들어 봐야겠어요. 삼각함수를 적분하는 것도 듣고 싶고, 아마 원시함수를 구하기 어려운 경우도 있을 텐데 그 얘기를 듣고 싶거든요.

"이제 삼각함수의 미분과 적분을 생각해 봐야겠습니다. 삼각함수는 어떤 형태가 주어지냐에 따라, 적분이 어려울 수도 있고 정말 간단할 수도 있습니다. 기본적인 미분은 이렇습니다.

$$(\sin x)' = \cos x$$
$$(\cos x)' = -\sin x$$
$$(\tan x)' = \sec^2 x$$

물론 이것들의 반대가 바로 적분이니까 이렇게 표현을 바꿀 수 있겠군요.

$$\int \sin x \, dx = -\cos x + C$$
$$\int \cos x \, dx = \sin x + C$$
$$\int \sec^2 x \, dx = \tan x + C$$

보는 바와 같이 간단하게 적분을 할 수 있어요. 하지만 이런 형태가 아닌 경우에는 좀 얘기가 달라지겠죠. 이렇게 기본적인 삼각함수의 경우에는 적분이 쉽지만, 이런 형태에서 벗어나면, 별다른 대책이 없어 보입니다. 또 지수함수의 적분은 해결했지만, 로그함수의 경우에는 미분해서 로그함수가 되는 경우를 찾기 힘들기 때문에 원시함수를 구하기 어려워지기도 합니다.

이렇게 원시함수를 구하기 쉬운 경우도 있고, 어떤 때는 원시함수를 구하려면 약간의 응용이 필요하기도 합니다. 바로 로그함수나 여러 가지 형태의 삼각함수가 그런 형태이고, 또 우리가 알고 있는 함수라 하더라도 곱으로 표현되어 있는 경우도 이에 해당됩니다.

예를 들어 $x\cos x$의 경우를 보면, x도 적분할 수 있고 $\cos x$도 적분할 수 있지만 각각을 적분해서 곱한 $\frac{1}{2}x^2\sin x$는 실제로 미분하면 $x\cos x$가 되지 않습니다.

$$\left(\frac{1}{2}x^2\sin x\right)' = x\sin x + \frac{1}{2}x^2\cos x$$
$$\int x\cos x\, dx \neq \frac{1}{2}x^2\sin x + C$$

이렇게 구하기 어려운 형태의 원시함수는 '부분적분'이나 '치환적분'이란 방법을 사용하면 상당 부분 해결이 되기도 합니다. 부분적분과 치환적분에 대해서는 좀 더 많은 설명이 필요하니까 지금은 다루지 않는 것이 좋을 것 같군요.

다만, 부분적분과 치환적분 이외의 방법이 있다는 것을 잠깐 설명해 보고 싶습니다. 처음에 우리는 다항함수의 적분이 꽤 매력적이었죠. 다항함수 형태로 쓸 수 있다면 적분은 식은 죽 먹기가 되니까요. 그럼 이런 사실을 이용하는 건 어떨까요? 만약 어떤 함수가 다항함수의 합으로 표현이 된다면 그냥 다항함수만 적분한 것과 같다고요.

예를 들어, e^x를 다항함수로 표현할 수 있는지를 살펴볼게요. 만약 e^x가 다항함수로 표현이 된다면 다음과 같이 표현될 수 있고, 계수만 구할 수 있다면 다항식을 완성하는 것이 가능하다고 볼 수 있습니다.

$$e^x = a_0 + a_1 x + a_2 x^2 + a_3 x^3 + \cdots\cdots$$

몇 차 다항식의 형태가 될지는 모르니까 이렇게 써 보면, 결국 무한급수 형태가 되겠네요. 실제로 우리는 a_0값을 구하기 위해 $x=0$을 양변에 대입하면 $a_0=1$임을 알 수 있습니다. 또 양변을 미분하면, $e^x = a_1 + 2a_2 x + 3a_3 x^2 + \cdots\cdots$이 됩니다.

또 $x=0$을 대입하면 a_1을 구할 수 있고, 마찬가지의 계산을 이어 나가면 모든 a_n의 값을 구할 수 있는 셈이 됩니다. 실제로

$e^x = 1 + x + \dfrac{x^2}{2!} + \dfrac{x^3}{3!} + \cdots\cdots$ 이 됨을 알 수 있습니다. 이렇게 다항식들의 무한급수 형태로 나타내는 것을 '테일러급수⑭'라고 합니다. 물론 왼쪽의 e^x로 적분하기는 쉽지만, 오른쪽 역시 다항함수로 나타나 있으므로 적분이 어렵지 않게 됩니다.

> **메모장**
> ⑭ **테일러급수** 미분가능한 어떤 함수를 다항식의 형태로 나타낸 무한급수.

만약 어떤 적분하기 어려운 함수를 테일러급수로 전개할 수만 있다면 이 역시도 원시함수를 구할 수 있다고 생각해 볼 수 있겠죠. 예를 들어, e^{-x^2}은 적분하기가 여간 까다로운 게 아닙니다. 하지만 이것 역시 테일러급수로 전개될 수만 있다면 원시함수를 구하는 것과 같은 효과를 얻을 수 있는 셈입니다. 결국 원시함수를 구하는 부정적분의 경우에는 단순히 공식 몇 개만 외워서 해결한다기보다는 창조적이고 응용력 있는 태도를 필요로 하는 경우가 꽤 있다는 점을 기억하는 게 좋습니다."

"와! 여러분, 오지랖 팀에게 박수를 보내 주시기 바랍니다. 오지랖 팀에게 정말 계속 말을 걸고 싶은 생각이 드네요. 미분에 대해서도 들을 수 있는 얘기는 참 많을 듯합니다. 하지만 오늘은 우리가 적분에 대한 얘기를 하는 시간이라 조금은 아쉽네요. 하지만 주어진 3단계 테스트 문제에 대해 아주 잘 설명해 주셔서 뜻깊은 시간이 되었습니다. 다시 한번, 오지랖 팀에게 큰 박수 보냅시다!"

수업정리

❶ 다항함수 적분

$\int x^n dx = \dfrac{1}{n+1} x^{n+1} + C$ (단, $n \neq 1$, 즉 $\dfrac{1}{x}$의 적분은 해당 안 됨.)

❷ 분수함수에서 특수한 꼴의 적분

$\int \dfrac{1}{x} dx = \ln|x| + C$

❸ 지수함수의 적분

$\int a^x dx = \dfrac{a^x}{\ln a} + C$

특히 밑이 e인 경우, $\int e^x dx = e^x + C$

❹ 삼각함수의 적분

$\int \sin x \, dx = -\cos x + C$

$\int \cos x \, dx = \sin x + C$

$\int \sec^2 x \, dx = \tan x + C$

❺ 원시함수를 구하기 어려운 함수는 부분적분, 치환적분 등의 방법으로 적분이 가능한 경우도 있고, 테일러급수로 전개되는 경우에는 다항식의 적분을 활용해서 원시함수를 구할 수도 있다.

7교시

넓이와 부피, 그리고 회전체

정적분을 이용하여 다양한 함수의 넓이를 구해 보고,
회전체의 부피를 구해 봅니다.

수업 목표

1. 정적분을 이용하여 다양한 함수에서 넓이를 구할 수 있습니다.
2. 두 함수 사이의 넓이를 구할 수 있습니다.
3. 회전체의 특징을 알고, 정적분을 이용하여 그 부피를 구할 수 있습니다.
4. 곡선의 길이를 구할 수 있습니다.

미리 알면 좋아요

1. 미분을 이용하여 증감을 찾아내 그래프의 개형을 그릴 수 있습니다.

2. **정적분의 계산** $\int_a^b f(x)dx = F(b) - F(a)$ (단, $F(x)$는 $f(x)$의 원시함수)

3. **속도·가속도와 미분** 속도는 시간에 대한 위치의 변화율이고, 가속도는 시간에 대한 속도의 변화율입니다. 즉, 위치를 시간에 대해 미분하면 속도가 되고, 속도를 시간에 대해 미분하면 가속도가 됩니다.
위치를 s, 속도를 v, 가속도를 a, 시간을 t라 하면, $v = \dfrac{ds}{dt}$, $a = \dfrac{dv}{dt}$가 됩니다.

리만의 일곱 번째 수업

"어느새 우리는 3단계 마지막 스텔라 팀의 설명만을 남겨 놓고 있습니다. 스텔라 팀의 설명이 끝나면, 오늘의 우승자가 가려지고, 우승자는 도전 과제의 도전 여부를 결정해야 합니다. 설레발 팀이 부정적분과 정적분의 의미를 설명해 주었고, 오지랖 팀이 부정적분을 하는 방법, 즉 원시함수를 구하는 방법을 잘 설명해 주었습니다. 이제 스텔라 팀은 이를 활용해 정적분을 계산해서 어떻게 적분을 활용하게 되는지, 적분의 꽃을 피워 주리라 기대해 봅니다."

"스텔라 팀입니다. 우리는 1, 2단계를 거치면서 적분의 의미와 활용 가능성을 엿보았습니다. 그리고 3단계의 다른 두 팀의 설명을 통해 이제 본격적인 적분을 하기 위한 체력 단련을 잘했다고 생각합니다. 이제 저희 팀이 할 일은 지금까지의 흩어져 있던 내용의 연결 고리를 잘 찾아서 연결하고, 적분과 완벽하게 친구가 되도록 하는 것입니다.

먼저 적분은 넓이를 구할 수 있다고 계속 얘기만 해왔죠. 그 계산식을 세워 보고 실제로 값을 구하는 과정을 함께해 봅시다. 넓이를 구한다고 했으니까 '정적분'을 사용해야겠죠. 다음의 넓이를 구하는 과정을 같이 알아보기로 해요. $f(x) = -(x-1)(x-5)$라는 함수는 x절편이 1, 5의 값이 되겠죠. 즉, 함수 $y=f(x)$와 x축, $x=1$, $x=4$로 둘러싸인 부분의 넓이를 구하고자 합니다.

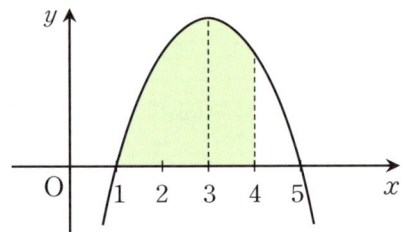

정적분을 정의할 때 기억나세요?

$x=a$, $x=b$, x축, $y=f(x)$의 직선 혹은 곡선들이 만들어 내는 부분의 넓이 ➡ $\int_a^b f(x)dx$

그리고 $\int_a^b f(x)dx$값의 계산은 $f(x)$의 원시함수를 $F(x)$라고 한다면, $\int_a^b f(x)dx = F(b) - F(a)$임을 앞에서 설레발 팀이 알려 주었죠. 따라서 우리는 구하고자 하는 넓이를 다음과 같이 계산할 수 있어요.

$$\int_1^4 f(x)dx$$
$$= \int_1^4 -(x-1)(x-5)dx$$
$$= \int_1^4 (-x^2+6x-5)dx$$
$$= \left[-\frac{1}{3}x^3 + 3x^2 - 5x \right]_1^4$$
$$= \left(-\frac{1}{3} \cdot 4^3 + 3 \cdot 4^2 - 5 \cdot 4 \right) - \left(-\frac{1}{3} \cdot 1^3 + 3 \cdot 1^2 - 5 \cdot 1 \right)$$
$$= 9$$

여기에서 $f(x)=-(x-1)(x-5)$의 원시함수를 $F(x)$라고 한다면, 우리는 $F(x)$가 될 수 있는 것은 무수히 많다고 했어요. 즉, $F(x)=-\frac{1}{3}x^3+3x^2-5x+C$라고 말이죠. 적분상수 C가 어떤 값이냐에 따라서 다양해지죠. 그런데 정적분에서는 $F(b)-F(a)$라는 계산을 하게 될 때, 상수가 항상 없어집니다. 따라서 굳이 적분상수를 일일이 적을 필요가 없겠죠. 결국 정적분의 계산에서는 C를 생략한 채 계산해도 무방합니다.

만약 곡선으로 둘러싸인 부분의 넓이를 구분구적법으로 계산한다면 정말 힘들겠죠? 그런데 우린 구분구적법이 정적분의 계산으로 간단히 해결된다는 사실도 알았고 원시함수도 구할 수 있어서 참으로 복잡하고 긴 계산 과정을 생략할 수 있었습니다. 정적분은 정말 넓이 구하기에 딱 좋죠. 그러면 다음을 생각해 볼게요. 위의 함수 $f(x)=-(x-1)(x-5)$와 x축, $x=1$ 그리고 $x=7$로 둘러싸인 부분의 넓이를 구해 볼게요. $x=4$ 대신 $x=7$로 좀 더 넓은 영역의 넓이를 구할 거예요.

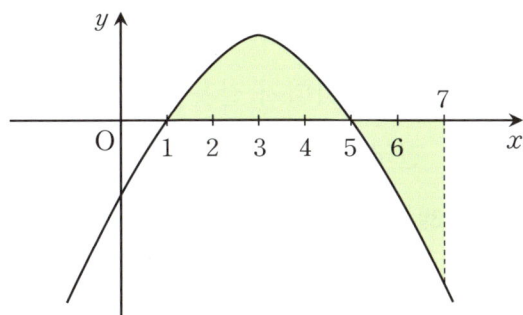

계산 과정은 똑같이 정적분의 식을 세워 볼게요.

$$\int_1^7 f(x)dx$$
$$=\int_1^7 -(x-1)(x-5)dx$$
$$=\int_1^7 (-x^2+6x-5)dx$$
$$=\left[-\frac{1}{3}x^3+3x^2-5x\right]_1^7$$
$$=\left(-\frac{1}{3}\cdot 7^3+3\cdot 7^2-5\cdot 7\right)-\left(-\frac{1}{3}\cdot 1^3+3\cdot 1^2-5\cdot 1\right)$$
$$=0$$

앗, 갑자기 정적분값이 0이 나왔어요. 넓이가 분명 아까보다 넓어졌는데 0이라니요! 분명 착오가 있어요. 계산을 다시 찬찬히 살펴봐도 아니고…… 어디가 잘못됐을까요? 계산에서 잘못된 점은 없었어요. 결국 우리가 잘못 생각한 건 정적분이 곧 넓이와 같다고 생각해 버린 것입니다.

정적분≠넓이

넓이를 구할 때 정적분을 사용하지만, 좌표에서 생각해 보면 x값이 1부터 5까지는 y값이 양수가 맞습니다. 하지만 그 외의 부분에서는 y값이 음수가 되죠. 구분구적법으로 넓이를 계산할 때 그냥 y값을 곱해서 더했는데, 이렇게 하면 음수가 되는 부분은 고려하지 않은 식이 된 겁니다. 따라서 엄밀히 말해서는 y값이 양수인 부분과 음수인 부분을 따로 생각해야 정확한 넓이를 구할 수 있게 됩니다. y값이 음수인 부분은 말 그대로 '−(넓이)' 값이 나오게 되죠. 그래서 조금 전에 구한 값은 구간 [1, 5]에서는 양의 값, 구간 [5, 7]에서는 음의 값이 나오고, 두 값이 서로 같아서 더한 값 0이 나오게 된 겁니다. 정말 넓이를 구하고 싶다면, 다음 식을 계산해야 됩니다. $\frac{64}{3}$가 나오는지 꼭 확인하세요!

(구간 [1, 5]의 정적분값) − (구간 [5, 7]의 정적분값)

구간 [1, 5] : 1≤x≤5를 나타내고, 폐구간이라 함
구간 (1, 5] : 1<x≤5, 반개구간 혹은 반폐구간이라고 함
구간 [1, 5) : 1≤x<5, 반개구간 혹은 반폐구간이라고 함
구간 (1, 5) : 1<x<5, 개구간

그럼 이제 궁금한 게 또 생기게 되죠. 항상 수학에서는 '확장'이라는 걸 즐겨 하는데, 범위를 넓히기도 하고 개수를 늘리기도 하는 것을 말합니다. 원의 성질을 알아봤다면 두 원의 위치 관계도 살펴보듯이, 이제 우리는 두 함수 사이의 넓이에 대해서도 생각해 보기로 합시다. $f(x) = -(x-1)(x-5)$라고 하고, $g(x) = x-1$일 때, 구간 [1, 4]에서 두 함수가 둘러싸인 부분의 넓이를 구해 볼까요?

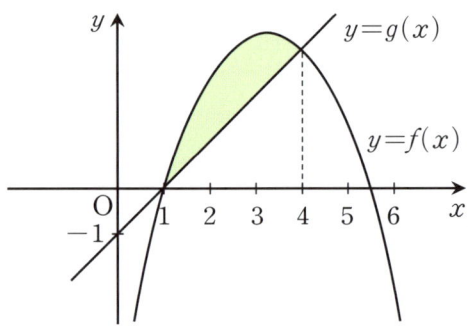

두 함수 사이의 넓이를 구하기는 하지만 한꺼번에 생각하지 말고 따로따로 넓이를 구해서 해결하면 됩니다. 구하고 싶은 넓이는 $y=f(x)$와 x축 사이의 넓이에서 $y=g(x)$와 x축 사이의 넓이를 빼면 됩니다.

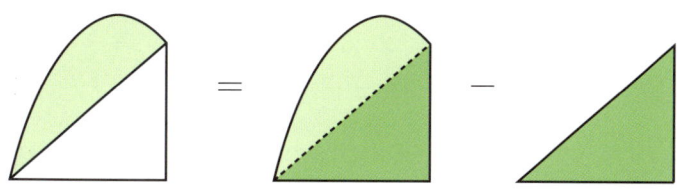

식으로도 쓸 수 있겠죠. 식은 다음과 같습니다.

$$(구하고자 하는 넓이) = \int_1^4 f(x)dx - \int_1^4 g(x)dx$$
$$= \int_1^4 \{f(x) - g(x)\}dx$$

구간 [1, 4]에서 $y=f(x)$가 더 위쪽에 위치하고 $y=g(x)$가 아래쪽이니까 결국 위쪽에 있는 함수에서 아래쪽 함숫값을 빼서 정적분을 하면 둘러싸인 부분의 넓이가 나오게 되는군요. 그럼 구간이 조금 달라져서 [0, 1]에서는 어떻게 될까요? 이 구간에서는 두 함수 모두 x축 아래에 있으니까 정적분값에 '−'를 붙여야 넓이가 된다는 사실만 조금 신경 써 주면 될 것 같네요.

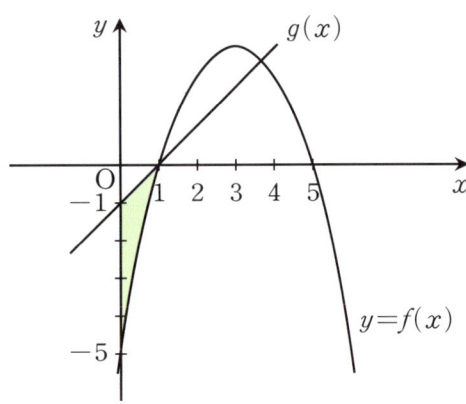

$f(x)$와 x축 사이의 넓이가 더 넓으니까 구하고자 하는 영역의 넓이는 다음과 같이 계산하면 됩니다.

($f(x)$와 x축 사이의 넓이) − ($g(x)$와 x축 사이의 넓이)

따라서 $\left\{-\int_0^1 f(x)dx\right\} - \left\{-\int_0^1 g(x)dx\right\} = \int_0^1 g(x)dx - \int_0^1 f(x)dx$가 됩니다. 정적분값이 음수이기 때문에 '−'까지 고려해서 식을 써 놓고 보니, 결국 $g(x)$가 $f(x)$보다 위쪽에 있어

서 위쪽의 그래프에서 아래쪽 그래프를 뺀 것을 정적분한 것과 같게 나오네요. 맞아요. 두 함수 사이의 넓이를 구할 때는 그 사이의 영역이 x축의 위아래와는 상관없이 '항상' 위쪽에 위치한 함수에서 아래쪽 함수를 빼서 정적분을 계산하면 됩니다.

(두 곡선 사이의 넓이)=(위쪽함수-아래쪽함수)의 정적분

따라서 계산하면 다음과 같습니다.

$$\int_0^1 \{g(x)-f(x)\}dx = \int_0^1 (x^2-5x+4)dx$$
$$= \left[\frac{1}{3}x^3 - \frac{5}{2}x^2 + 4x\right]_0^1 = \frac{11}{6}$$

정적분을 활용하면 얼마나 편한지 확실히 아시겠죠? 이제 부피에 대해서도 생각해 봅시다. 부피는 단면적의 합으로 간단히 해결할 수 있다는 사실을 우리는 2단계 문제를 풀면서 확인했습니다. 이제는 그걸 식으로 정리할 수 있으면 된답니다. 넓이를 구할 때 마치 직선인 y값을 더한 것처럼, 만약 단면적을 $S(x)$라고 한다면 구간 $[a, b]$에서의 부피는 다음과 같이 간단히 정리할 수 있습니다.

$$\text{부피 } V = \int_a^b S(x)dx$$

예를 들어 x값이 1부터 3까지 변할 때, 한 변의 길이를 x로

하는 정삼각형을 단면적으로 하는 부피를 계산할 수 있겠죠. 한 변의 길이가 x인 정삼각형의 넓이는 $S(x)=\frac{\sqrt{3}}{4}x^2$이므로 부피는 다음과 같습니다.

$$\text{부피 } V = \int_1^3 S(x)dx = \int_1^3 \frac{\sqrt{3}}{4}x^2 dx = \left[\frac{\sqrt{3}}{12}x^3\right]_1^3 = \frac{13\sqrt{3}}{6}$$

아, 너무 간단한걸요! 그럼 회전체는 어떨까요? 우리가 2단계를 거치면서 회전체 모양의 부피에 대한 얘기가 많이 나왔죠. 구, 원뿔 그리고 도넛 역시 회전체입니다. 이들의 부피도 역시 정적분으로 간단해질 수 있을까요?

먼저 '구' 나갑니다. 마음이 조금 아프지만 말이죠. 2단계에서 우리 팀이 잠시 실수해서 겉넓이를 이용하지 않고 부피를 구하려고 했던 아픈 기억. 정적분으로 계산하면 그 아이디어로 얼마나 계산을 간단히 할 수 있는지를 알 수 있을 거예요. 우리 팀도 이 간단한 계산에 미리 흥분해서 실수하게 된 셈이니까요.

우선 원점을 중심으로 하고, 반지름이 r인 원이 좌표평면에 있습니다. 이 원을 x축을 회전축으로 해서 휘익 돌리면 바로 '구'가 되죠.

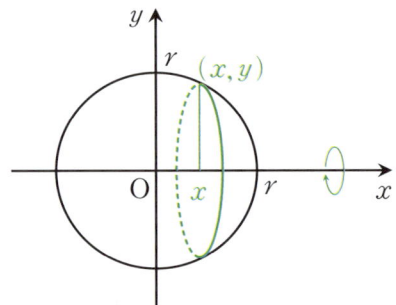

임의의 x값이 되는 부분을 회전축에 수직으로 잘라서 단면을 한번 볼까요? 단면도 역시나 원이 됩니다. 반지름이 y이고, 단면적의 넓이는 πy^2이네요. 원의 식은 $x^2+y^2=r^2$이니까 단면적은 $S(x)=\pi y^2=\pi(r^2-x^2)$이 되는 셈이고요.

단면적을 정적분한 값이 부피가 되니까 다음과 같은 값이 나옵니다.

$$V=\int_{-r}^{r} S(x)dx=\int_{-r}^{r} \pi(r^2-x^2)dx$$
$$=\left[\pi r^2 x-\frac{\pi}{3}x^3\right]_{-r}^{r}=\frac{4}{3}\pi r^3$$

우리가 알고 있는 구의 부피 $\frac{4}{3}\pi r^3$ 맞죠. 아마 구분구적법의 아이디어가 정적분으로 비로소 정의될 때, 이렇게 계산의 수고

로움을 해결했다는 사실은 정말 감동적이지 않나요?

> $y=f(x)$를 구간 $[a, b]$에서 x축으로 회전시킨 입체의 부피를 V라 하면,
> $$V = \int_a^b \pi y^2 dx = \int_a^b \pi \{f(x)\}^2 dx$$

원뿔의 부피도 우리가 알고 있는 식이 나오는지 확인해 보도록 합시다. 밑면의 반지름이 r이고 높이가 h인 원뿔이 되려면, 우리는 어떤 모양을 회전시켜야 할까요? 생각보다 아주 간단하죠. 직선을 회전시키면 된답니다.

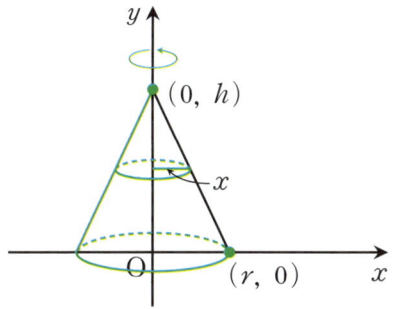

위 그림처럼 $(0, h)$와 $(r, 0)$을 연결한 선분을 y축을 회전축으로 회전시키면 됩니다. 역시나 y축에 수직으로 자르면 단면들이

모두 원이 됩니다. 반지름은 x가 되고요. 직선의 식은 $\frac{x}{r}+\frac{y}{h}=$ 1이 되겠죠. 그런데 여기에서 한 가지 주의할 점은 y값이 0에서 h까지 변하고 있다는 것입니다. y값이 변함에 따라 단면적을 계산해 주어야 하므로 단면적은 $S(y)$라고 표현해야 되겠죠. 회전축을 y축으로 했기 때문에 아까와는 조금 다른 현상입니다.

마저 계산해 보면, 반지름이 x이므로 단면적 $S(y)=\pi x^2$ $=\pi\left\{r\left(1-\frac{y}{h}\right)\right\}^2=\pi r^2\left(1-\frac{2}{h}y+\frac{1}{h^2}y^2\right)$이고, 부피는 다음과 같아요.

$$\begin{aligned} V &= \int_0^h S(y)dy = \int_0^h \pi r^2\left(1-\frac{2}{h}y+\frac{1}{h^2}y^2\right)dy \\ &= \left[\pi r^2\left(y-\frac{1}{h}y^2+\frac{1}{3h^2}y^3\right)\right]_0^h \\ &= \pi r^2\left(h-\frac{1}{h}h^2+\frac{1}{3h^2}h^3\right) \\ &= \pi r^2 \cdot \frac{1}{3}h = \frac{1}{3}\pi r^2 h \end{aligned}$$

$x=g(y)$를 구간 $[c, d]$에서 y축 둘레로 회전시킨 부피를 V라 하면,

$$V=\int_c^d \pi x^2 dy = \int_c^d \pi\{g(y)\}^2 dy$$

원뿔 부피도 확인이 되셨죠? 지금까지 뿔의 부피가 도대체 왜 기둥의 $\frac{1}{3}$인지 도저히 용납할 수 없었던 분들 있나요? 이제는 받아들여야 될 것 같네요. 이보다 더 깔끔할 순 없죠!"

"여러분, 스텔라 팀이 우리가 단순하게 암기로만 알고 있었던 내용을 깔끔하게 계산으로 보여 주니까 정말 후련하지 않으세요? 오늘 아마 많은 분이 지금까지 알고 있던 공식들을 정적분으로 스스로 확인해 보지 않을까 싶네요. 갑자기 욕심이 하나 더 생겼네요. 스텔라 팀에게 어쩌면 가장 고비가 되는 질문이 될 듯도 하지만 사회자의 권한으로 질문 하나 하겠습니다.

정적분으로 넓이와 부피를 구하는 방법에 대해 간단하게 정리해 주셨는데, 혹시 '곡선의 길이도 정적분으로 가능하지 않을까.' 하는 생각이 듭니다. 이 문제는 지난번 퀴즈쇼에서 우승 팀이 도전 과제에서 미처 해결하지 못했던 내용이기도 합니다. 스텔라 팀, 어떤가요?"

"저희 팀도 그 퀴즈쇼를 봤답니다. 그 문제로 다시 질문 받을 지는 생각지 못했던 부분이라 조금은 당혹스럽긴 하지만 재미있는 질문을 해 주셨어요. 결론부터 말씀드리자면 곡선의 길이도 정적분으로 구할 수 있습니다.

두 가지 방법으로 생각할 수 있을 것 같군요. 첫 번째는 넓이나 부피를 구했던 것처럼 구분구적법에 의해서 식을 유도해 내는 방법입니다. $y=x^2$을 생각해 봅시다. 구간 [0, 4] 부분의 곡선의 길이를 구하려고 합니다. 이 부분을 두 구간으로 나누려고 합니다. $x=2$인 부분에서 x축에 수직선을 그어서 곡선과 만나게 합니다. 세 점 (0, 0), (2, 4), (4, 16)을 연결한 두 선분의 길이는 그림에서 보는 바와 같이 구하고자 하는 곡선보다는 좀 작은 값입니다.

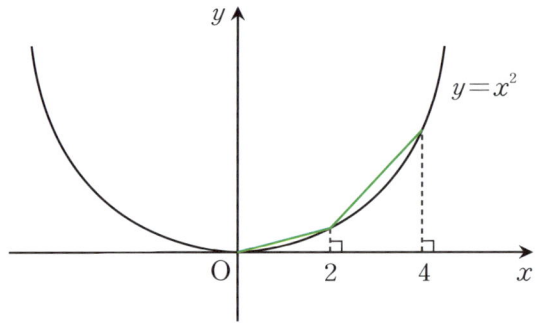

만약, 이 구간을 좀 더 세밀하게 나누어서 (1, 1), (3, 9)까지 추가해서 이웃하는 두 점을 이어서 선분을 만들면 좀 더 곡선의 길이에 가까워지겠죠.

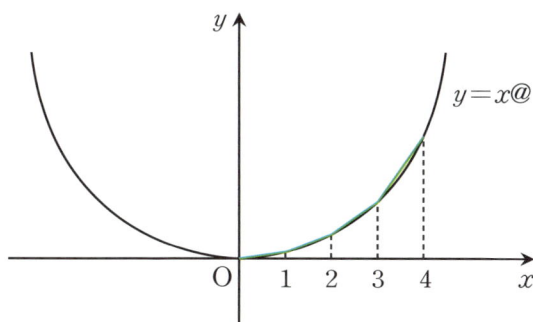

그럼 이 구간을 아주 작은 조각으로 쪼갠다면 결국 곡선의 길이와도 같아지게 됩니다. 결국 구분구적법을 그대로 이용해서 생각해 볼 수 있기 때문에 이 역시도 정적분으로 나타낼 수 있게 됩니다.

　두 번째 방법은 속도를 이용하는 것입니다. 속도는 시간에 대한 위치의 변화율입니다. 간단하게 말하면 '위치를 미분하면 속도'라고 생각하면 됩니다. 그러면 속도를 적분하면 위치가 된다고 생각해도 되겠죠. 우리가 곡선의 길이를 구한다는 것은 위치가 아닌 곡선을 따라 '움직인 거리'를 구하는 것과 같은 의미입니다. 거리는 '속도'가 아니라 '속력'을 적분한 값이고요.

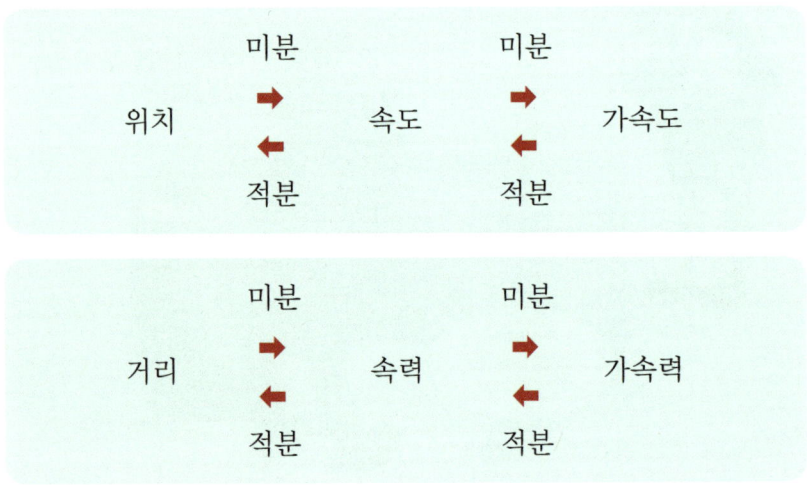

결국 우리는 곡선 위의 점 (x, y)라는 위치를 알고 있는데, 이 위치를 x값이 변함에 따라 $y=x^2$ 위를 움직이고 있는 셈입니다. x값이 0에서 4까지 변할 때의 '움직인 거리'를 구하고 싶은 거겠죠. 그래서 다음과 같은 과정을 거쳐서 곡선의 길이를 구할 수 있답니다.

위치 ➡ 미분해서 속도 ➡ |속도| = 속력 ➡ 속력을 정적분

따라서 위치 (x, y)를 미분해서 속도 $\left(1, \dfrac{dy}{dx}\right)$, 이것의 크기인 속력= $\sqrt{1+\left(\dfrac{dy}{dx}\right)^2}$ 이므로, $y=x^2$의 구간 [0, 4]의 곡선의 길이 l은 다음과 같습니다.

$$l = \int_0^4 \sqrt{1+\left(\dfrac{dy}{dx}\right)^2} dx = \int_0^4 \sqrt{1+(2x)^2} dx = \int_0^4 \sqrt{1+4x^2} dx$$

여기에서 $\sqrt{1+4x^2}$의 원시함수를 구하기 위해서는 좀 더 정적분 계산을 연습해야 구할 수 있겠군요. 계산은 일단 뒤로하고, 질문에 대한 답을 정리하자면, $y=f(x)$의 구간 $[a, b]$에서의 곡선의 길이 l은 다음과 같아요."

$$l = \int_a^b \sqrt{1+\left(\frac{dy}{dx}\right)^2} dx$$

짝짝짝짝짝.

스텔라와 나는 설명을 끝내고, 안도의 한숨을 내쉬었어요. 사람들의 박수 덕에 마음이 편해지기도 했답니다. 스텔라가 수업 시간에 뜬금없이 했던 질문인데, 여기에서 다시 질문을 받을지는 생각도 못 했어요. 그래도 무사히 3단계까지 풀이가 끝났네요. 숨 돌린 것도 잠시, 생각해 보니 곧 우승자 발표가 있겠군요. 아, 다시 긴장이 됩니다. 물론 기대도 되고요!

수업정리

❶ $x=a, x=b, x$축, $y=f(x)$의 직선 혹은 곡선들이 만들어 내는 부분의 넓이
→ $\int_a^b |f(x)|dx$ (단, $F(x)$는 $f(x)$의 원시함수)

❷ 두 곡선 사이의 넓이는 구하고자 하는 영역이 x축의 위쪽이나 아래쪽에 존재하는 것과는 상관없이 항상 윗부분의 함수에서 아랫부분의 함수를 뺀 값을 정적분하면 됩니다.
(두 곡선 사이의 넓이)=(위쪽 함수-아래쪽 함수)의 정적분

❸ 회전체는 회전축에 수직으로 자른 단면이 모두 원이 됩니다. 따라서 각 단면의 반지름을 알 수 있으면 단면적의 합을 구할 수 있으므로 정적분으로 부피를 구할 수 있게 됩니다.
(1) $y=f(x)$를 구간 $[a, b]$에서 x축으로 회전시킨 입체의 부피를 V라 하면 다음과 같습니다.
$$V = \int_a^b \pi y^2 dx = \int_a^b \pi \{f(x)\}^2 dx$$

수업정리

(2) $x=g(y)$를 구간 $[c, d]$에서 y축 둘레로 회전시킨 부피를 V라 하면 다음과 같습니다.

$$V=\int_c^d \pi x^2 dy = \int_c^d \pi \{g(y)\}^2 dy$$

❹ $y=f(x)$의 구간 $[a, b]$에서의 곡선의 길이

$$l=\int_a^b \sqrt{1+\left(\frac{dy}{dx}\right)^2} dx$$

8교시

부분적분과 치환적분

부분적분과 치환적분에 대해 알아봅니다.

수업 목표

부분적분과 치환적분의 뜻을 알고, 이를 활용할 수 있습니다.

미리 알면 좋아요

1. **중요한 미분법 공식**
   (1) 곱의 미분법 : $(f(x)g(x))' = f'(x)g(x) + f(x)g'(x)$
   (2) 합성함수의 미분법 : $[\{f(x)\}^n]' = n\{f(x)\}^{n-1} \cdot f'(x)$

2. **삼각함수 반각공식** 정적분에서 삼각함수의 이차식을 일차식으로 바꿔 주므로, 자주 쓰이는 공식 중의 하나입니다.

   (1) $\sin^2 \dfrac{\alpha}{2} = \dfrac{1 - \cos\alpha}{2}$

   (2) $\cos^2 \dfrac{\alpha}{2} = \dfrac{1 + \cos\alpha}{2}$

   (3) $\tan^2 \dfrac{\alpha}{2} = \dfrac{1 - \cos\alpha}{1 + \cos\alpha}$

리만의 여덟 번째 수업

"이제 3단계까지의 퀴즈가 끝났습니다. 오늘처럼 정말 박빙의 승부는 없었습니다. 대체로 2단계에서 우승 팀을 예상할 수 있었던 때가 많았는데, 오늘은 3단계까지도 치열하네요. 하지만 우승 팀은 가려져야겠죠. 도전 과제가 남아 있으니까요. 자, 발표하겠습니다.

오늘의 우승 팀은 스텔라 팀입니다!"

아! 우리 팀이 정말 우승했어요. 다른 팀의 실력이 너무나 뛰어나서 예상을 못 했는데, 아마 아주 크게 실수는 안 했고 3단계에서 사회자의 깜짝 질문까지 충분히 설명한 게 후한 점수를 받지 않았나 싶네요. 날개 없이도 날아갈 수 있을 것 같아요!

"자, 스텔라 팀! 오늘의 우승 축하드리고요, 저희 퀴즈쇼 방식 아시죠? 아직 끝나지 않았습니다. 도전 과제에 도전을 하시겠습니까, 그냥 이대로 끝내시겠습니까?"

"스텔라와 나는 퀴즈쇼에 나오기 전부터 약속한 것이 있습니다. 우승하면 꼭 도전 과제까지도 풀어 보자고요. 도전하지 않으면 아마 평생 도전 과제가 어떤 질문이었을까 궁금해서 잠도 제대로 못 잘 테니까요."

하하하하…….

"네, 그럼 도전 과제 곧바로 들어가겠습니다.

우리가 적분에 대한 내용을 많이 해결했습니다. 그리고 결국 구하고자 하는 길이나 넓이, 부피 등을 정적분으로 나타내는 데 별다른 어려움이 없는 것도 사실이죠. 하지만 결국 우리에게 남아 있는 것은 '원시함수' 구하기가 될 것 같습니다. 식을 세울 수는 있지만 계산을 못한다면 이 또한 의미가 반감되는 상황이 되겠죠. 스텔라 팀, 어떤 설명을 더 해야 할지 감이 오시죠? 오늘은 우승 팀이 도전 과제까지 성공할 수 있길 기대해 봅니다."

"먼저 우리는 정적분 계산에서 아주 중요한 두 가지를 설명해야겠습니다. 정적분에서 우리가 가질 수 있는 강력한 무기가

될 겁니다.

하나는 '치환적분법'이고 다른 하나는 '부분적분법'입니다.

먼저 '치환적분법'에 대해 알아볼게요. 예를 들어 다음과 같은 부정적분이 있다고 생각해 봅시다.

$$\int (x^2+1)^3 \cdot 2x \, dx$$

여기에서 $(x^2+1)^3$과 $2x$가 곱으로 되어 있기 때문에 단순히 둘을 각각 적분하게 되면 안 됩니다. 미분에서도 x에 관한 식이 곱해져 있는 경우에 '곱의 미분'이라고 해서 조금 길어지는 결과가 나왔던 것 기억하시죠. 그렇다면, 우리가 할 수 있는 다른 방법은 모두 '전개'한다는 것입니다. 다음과 같이요.

$$(x^2+1)^3 \cdot 2x = (x^6+3x^4+3x^2+1) \cdot 2x$$
$$= 2x^7+6x^5+6x^3+2x$$

이렇게 말이죠. 그러면 다항식의 적분이기 때문에 아주 간단하게 부정적분이 가능합니다. 하지만 여기에서 조금만 더 복잡해져도 일일이 모두 전개하기란 참 어려워집니다. 식이 길어지다 보면 그만큼 실수할 가능성도 많아지고, 시간도 많이 걸리겠죠.

그래서 우리는 $t=x^2+1$로 '치환置換⑮'하는 방법을 사용합니다. 잠시 x 대신 t로 형태를 바꿔 본다는 것입니다. x가 하나라도 남아 있어서는 안 됩니다. $(x^2+1)^3$은 t^3이라고 간단하게 바꿀 수 있겠죠. 그럼 뒤에 있는 $2xdx$도 바꿔야 합니다. 그러려면 $t=x^2+1$이라고 치환한다고 했으니까, 양변을 x에 대해 미분을 해 볼게요.

메모장
⑮ **치환** 어떤 것을 다른 것으로 바꿈.

$$t=x^2+1$$
$$\downarrow x\text{에 대해 미분}$$
$$\frac{dt}{dx}=2x$$
$$\therefore dt=2xdx$$

$2xdx=dt$로 바꿀 수 있게 됐습니다. 즉, 원래 구하려는 적분은 다음과 같이 정리가 될 수 있겠죠.

$$\int (x^2+1)^3 \cdot 2x dx = \int t^3 dt = \frac{1}{4}t^4 + C \text{ (C는 적분상수)}$$

그리고 원래 우리가 구하고 싶었던 것은, x에 관한 식이었으니까 t 대신 (x^2+1)을 대입해 줘야 합니다. 따라서 다음과 같은 과정을 거쳐 적분할 수 있습니다.

$$\underset{t=x^2+1\text{로 치환}}{\int (x^2+1)^3 \cdot 2x dx} = \underset{\text{적분}}{\int t^3 dt} = \frac{1}{4}t^4+C \underset{t=x^2+1 \text{ 대입}}{= \frac{1}{4}(x^2+1)^4+C}$$

x에 대한 함수 / t에 대한 함수 / x에 대한 함수

이렇게 치환을 해서 적분을 하면, 좀 더 계산 과정을 간단하게 할 수 있습니다. 치환적분을 잘 기억해 주세요.

Tip 치환적분

$x=g(t)$일 때, $\dfrac{dx}{dt}=g'(t)$이고 $dx=g'(t)dt$이므로,

$$\int f(x)dx = \int f(g(t))g'(t)dt$$

또 다른 우리의 적분 무기 '부분적분'을 살펴볼게요. 미분법 중에서 x에 관한 식이 곱으로 이루어져 있는 경우 좀 색다르게 미분했죠. 즉, 두 함수 $f(x)$와 $g(x)$가 곱해진 $f(x)g(x)$를 미분하면 $\{f(x)g(x)\}'=f'(x)g(x)+f(x)g'(x)dx$가 됩니다. 이 식에서 만약 양변을 적분한다고 생각해 보세요. 그럼

$f(x)g(x) = \int f'(x)g(x)dx + \int f(x)g'(x)dx$가 되죠. 그리고 살짝 이항해서 정리하면 다음과 같죠.

$$\int f(x)g'(x)dx = f(x)g(x) - \int f'(x)g(x)dx$$

간단하게 말하자면, 적분해야 하는 부분[$f(x)g'(x)$]이 곱의 형태로 되어 있는 경우에 한쪽을 적분[$f(x)g(x)$]하고, 그다음엔 다른 한쪽을 미분[$f'(x)g(x)$]해서 복잡한 형태도 적분할 수 있게 됩니다. 따라서 여기에서 $g(x)$를 적분하고 $f(x)$를 미분하고 있는데, 둘 중 어느 쪽이 미분하기가 좋고 적분하기가 편한지를 알아야 한답니다. 일반적으로 다른 함수들에 비해서 상대적으로 미분 혹은 적분하기 좋은 경우가 생기게 되는데, 이거 하나만 잘 기억해 두면 크게 고민 안 해도 되겠죠.

지수함수	—	삼각함수	—	다항함수	—	로그함수
(a^x, e^x)		($\sin x, \cos x$)		($x, x^2, \cdots\cdots$)		($\log_a x, \ln x$)
← 적분하기 쉬운 쪽						미분하기 쉬운 쪽 →

예를 들어, e^x와 x가 곱해진 xe^x를 적분해야 한다면 e^x를 적분하는 쪽으로, x는 미분하는 쪽으로 두고 부분적분을 하면 됩니다.

$$\int xe^x dx = xe^x - \int 1 \cdot e^x dx = xe^x - e^x + C$$

2단계 퀴즈에서 원시함수를 구할 때, 로그함수는 생략했죠. 이 방법을 사용하면 로그함수도 적분할 수 있게 됩니다. $\ln x$를 적분해 봅시다. $\ln x$는 곱의 형태가 아니라고요? 그럼 곱이 되게끔 만들면 됩니다. $1 \times \ln x$로 말이죠. $\ln x$는 미분하기 좋은 쪽이니까 먼저 1을 적분하는 방식으로 해야겠네요.

$$\begin{aligned}\int 1 \cdot \ln x dx &= x\ln x - \int x \cdot \frac{1}{x} dx \\ &= x\ln x - \int 1 dx \\ &= x\ln x - x + C\end{aligned}$$

부분적분, 정말 멋진 녀석이죠! 사실, 부분적분과 치환적분 두 가지만 알고 있어도 우리는 많은 경우의 원시함수를 구할 수 있게 된답니다."

"네, 스텔라 팀이 중요한 핵심 내용을 잘 설명해 주었습니다. 자, 이제 마지막 테스트로 가고 있습니다. 조금 전에 설명하신 내용을 사용하여 다음에 주어지는 다섯 문제를 정확히 부정적분 해 주시면 됩니다. 다섯 문제를 모두 해결하시면 오늘 퀴즈쇼의 역사를 새로 쓸 수 있습니다. 문제는 다음과 같습니다."

문제 풀기

ⓐ $\int \dfrac{1}{x \ln x} dx$

ⓑ $\int \tan x \, dx$

ⓒ $\int_0^{\frac{3}{2}} \dfrac{1}{\sqrt{9-x^2}} dx$

ⓓ $\int x^2 e^x \, dx$

ⓔ $\int x^2 \sin x \, dx$

"역시, 하나같이 모두 간단하지는 않네요. 하지만 차근차근 생각해서 해결해 보도록 하겠습니다.

먼저 ⓐ 문제는 x와 $\ln x$가 곱해져 있긴 하지만 분모에 있기 때문에 부분적분을 할 수가 없겠네요. 그럼 치환적분으로 하기로 합시다. $\ln x$를 미분한 값이 $\frac{1}{x}$인데 잘 보면 숨어 있네요. 찾았습니다!

그럼 $t = \ln x$로 두고 치환적분을 쓰겠습니다.

이 치환식의 양변을 x에 대해 미분하면, $\frac{dt}{dx} = \frac{1}{x}$이고, $dt = \frac{1}{x}dx$입니다.

$$\int \frac{1}{x \ln x} dx = \int \frac{1}{\ln x} \cdot \frac{1}{x} dx$$
$$= \int \frac{1}{t} dt = \ln|t| + C$$
$$= \ln|\ln x| + C$$

따라서 ⓐ의 답은 $\ln|\ln x| + C$가 되겠군요.

다음 ⓑ 문제로 넘어갑시다. $\tan x$ 혼자 있네요. 음······. $\ln x$처럼 1이 곱해져 있다고 해도 $\tan x$가 미분하면 더 복잡해지고 곤란해지겠네요. 그럼 $\tan x$는 익숙하지 않으니까 $\tan x = \frac{\sin x}{\cos x}$로 바꾸는 편이 더 좋겠네요. 그럼 이것도 치환이겠군요. 분모에 있는 $\cos x$를 t로 치환하면, $\cos x$를 미분한 값이 곱해져 있어서 $\sin x$도 자연스럽게 없어질 테니까요.

$t=\cos x$로 치환합니다.

마찬가지로 x에 대해 미분하면 $\dfrac{dt}{dx}=-\sin x$이고, $dt=-\sin x dx$가 되겠군요.

$$\begin{aligned}\int \tan x dx &= \int \frac{\sin x}{\cos x}dx \\ &= \int -\frac{1}{t}dt \\ &= -\ln|t|+C \\ &= -\ln|\cos x|+C\end{aligned}$$

따라서 ⓑ의 답은 $-\ln|\cos x|+C$입니다.

ⓒ 문제는 어느 정도 예상하고 있었답니다. 특수한 꼴이라서요. 게다가 정적분이네요. 이런 문제는 정적분이 좀 더 편하기도 하죠. 분모에 근호가 씌워진 제곱식이 있다면, '삼각치환'을 해야 합니다. x를 삼각함수 꼴로 바꾼다는 뜻이에요. 그리고 정적분에서 치환한다면 적분 구간도 변수에 따라 함께 바꿔 주는 것 잊지 마세요.

$x=3\sin\theta$로 치환합니다. $-x^2$ 앞에 9가 있는데, 9로 묶어 낼 수 있도록 만들기 위해서 숫자를 일부러 곱한 거예요.

$x=3\sin\theta$로 치환하고 역시 미분할 거예요. θ에 대해 미분하면 $\dfrac{dx}{d\theta}=3\cos\theta$가 되니까 $dx=3\cos\theta d\theta$로 바꾸면 됩니다. 적분 구간을 바꿉시다. $x=0$일 때 $\theta=0$이고, $x=\dfrac{3}{2}$일 때 $\theta=\dfrac{\pi}{6}$입니다.

$$\int_0^{\frac{3}{2}} \frac{1}{\sqrt{9-x^2}}dx = \int_0^{\frac{\pi}{6}} \frac{1}{\sqrt{9-9\sin^2\theta}} \cdot 3\cos\theta d\theta$$

$$= \int_0^{\frac{\pi}{6}} \frac{1}{3\sqrt{1-\sin^2\theta}} \cdot 3\cos\theta d\theta$$

$$= \int_0^{\frac{\pi}{6}} \frac{1}{3\cos\theta} \cdot 3\cos\theta d\theta$$

$$= \int_0^{\frac{\pi}{6}} 1 d\theta$$

$$= [\theta]_0^{\frac{\pi}{6}} = \frac{\pi}{6}$$

이제 절반 넘었습니다. 곧바로 ⓓ 문제로 갈게요. 곱의 형태군요. 부분적분 해야겠어요. x^2과 e^x 중에서 e^x가 적분이 편하고, x^2이 미분이 편하겠네요. 음……. 근데 x^2을 미분해도 $2x$이니까 x가 사라지지 않고 남아 있어요. 아무래도 부분적분을 두 번 해야겠습니다. 이때는 부호를 잘 챙겨 가야 합니다. x^2은 미분하는 쪽으로, e^x는 적분하는 쪽으로 생각합니다.

$$\int x^2 e^x dx = x^2 e^x - \int 2xe^x dx$$
$$= x^2 e^x - \left[2xe^x - \int 2e^x dx \right]$$
$$= x^2 e^x - (2xe^x - 2e^x) + C$$
$$= (x^2 - 2x + 2)e^x + C$$

따라서 ⓓ 문제의 답은 $(x^2-2x+2)e^x+C$가 된답니다."

"여러분, 거침없이 적분해 나가고 있는 우리의 스텔라 팀에게 박수를 보내 주세요! 이제 드디어 한 문제만 남겨 놓은 상황입니다. 이대로라면 오늘 스텔라 팀에게 기대해도 될 거라는 확신이 생기는군요. 남은 문제도 지금까지 하신 대로 최선을 다해 주시기 바랍니다."

"네, 저희도 떨리는군요. 하지만 마지막 문제 ⓔ는 실수할 수도 있으니 더 마음을 가다듬어야 할 것 같습니다. 삼각함수의 미분과 적분은 항상 부호를 착각할 수 있기 때문에 되도록 암산은 삼가야겠습니다. 이것 역시 부분적분이군요. x^2과 $\sin x$가 곱해져 있기 때문이에요. 물론 여기에서도 삼각함수가 적분하기 더 좋은 쪽이군요. 그리고 문제 ⓓ처럼 아무래도 부분적분이 두 번 들어가야 할 것 같습니다.

x^2은 미분하는 쪽, $\sin x$는 적분하는 쪽으로 합니다.

$$\begin{aligned}\int x^2 \sin x\, dx &= -x^2\cos x - \int -2x\cos x\, dx \\ &= -x^2\cos x - \left[-2x\sin x - \int -2\sin x\, dx\right] \\ &= -x^2\cos x - (-2x\sin x - 2\cos x) + C \\ &= (2-x^2)\cos x + 2x\sin x + C\end{aligned}$$

답은 좀 지저분하게 나왔지만, 생각보다 간단하게 답이 나왔네요. 마지막 문제 ⓔ의 답은 $(2-x^2)\cos x + 2x\sin x + C$가 됩니다."

우아아아~~~~~~~!

"여러분! 드디어 오늘의 우승자 스텔라 팀이 도전 과제까지 성공해 내는 순간입니다. 이렇게 깔끔하게 도전 문제까지 해결하고 오늘 마무리를 지을 수 있을 것 같네요. 오늘의 우승자 스텔라 팀에게는 세계 일주의 행운이 돌아가게 되었습니다. 정말 부럽고, 자랑스럽습니다! 스텔라 팀, 한말씀 해 주세요."

리만의 여덟 번째 수업

"네, 정말 고맙습니다. 단지 퀴즈쇼를 좋아하는 저희 둘이 순수한 열정으로 퀴즈쇼에 참가했는데, 이렇게 좋은 결과까지 갖게 되어서 정말 이 기쁨 이루 말할 수가 없네요. 그런데 사실 저희 둘이 약속하고 나온 게 있습니다. 퀴즈쇼에 참가해서 우승을 하게 되면 꼭 도전 과제에 도전한다는 것이었습니다. 그래서 도전한 거였고요. 또 두 번째 약속은 도전해서 만약 성공하면 세계 일주권은 부디 좋은 곳에 쓰도록 부탁하기로 했습니다. 세계 모든 어린이가 안전하고 건강하게 자라고, 마음껏 뛰놀고 또 공부할 수 있는 기회를 가질 수 있으면 하는 마음에서입니다. 어린이들을 꿈나무라고 하잖아요. 꿈나무들에게 좋은 양분이 되길 바랄게요. 저희에게 많이 응원해 주신 마음만 한 아름 안고 행복하게 돌아가겠습니다."

이렇게 스텔라와 나의 퀴즈쇼 참가는 좋은 추억을 남기고 왔답니다. 아직도 그때를 생각하면 웃음이 입가에 번집니다. 그리고 여전히 스텔라와 나는 매주 진행되는 퀴즈쇼 얘기로 가끔 인사하는 것도 잊은 채 마치 우리가 퀴즈쇼에 또 참가한 듯 열띤 토론을 하기도 한답니다.

아, 그리고 한 가지 재미있는 사실은요, 같이 출연한 오지랖 팀이 2단계 설명에서 나 리만의 수업《리만이 들려주는 적분 1 이야기》를 언급했던 거 기억하세요? 그땐 기억이 가물가물했는데, 퀴즈쇼가 끝나고 나서 인사하다 보니 글쎄 오지랖 팀의 선생님이 예전에 나의 제자였던 사실! 같은 흥미를 갖다 보니 연락이 끊어졌는데 그렇게도 다시 만나게 되더군요. 그 오지랖은 타고나나 봅니다. 예전과 똑같아요. 하하하하하!

수업정리

❶ 치환적분

한 변수를 다른 변수로 치환하여 적분하는 방법입니다.
$x=g(t)$일 때, $\dfrac{dx}{dt}=g'(t)$이고 $dx=g'(t)dt$이므로,
$\int f(x)dx = \int f(g(t))g'(t)dt$

❷ 부분적분

곱으로 이루어진 형태를 적분하는 방법입니다.
$\int f(x)g'(x)dx = f(x)g(x) - \int f'(x)g(x)dx$
곱해져 있는 두 함수 중에서 적분과 미분을 결정하는 것은 다음과 같이 상대적입니다.

지수함수	−	삼각함수	−	다항함수	−	로그함수
(a^x, e^x)		$(\sin x, \cos x)$		$(x, x^2, \cdots\cdots)$		$(\log_a x, \ln x)$

← 적분하기 쉬운 쪽   미분하기 쉬운 쪽 →

NEW 수학자가 들려주는 수학 이야기 69
리만이 들려주는 적분 2 이야기

ⓒ 전현정, 2010

2판 1쇄 인쇄일 | 2025년 9월 18일
2판 1쇄 발행일 | 2025년 10월 2일

지은이 | 전현정
펴낸이 | 정은영
펴낸곳 | (주)자음과모음

출판등록 | 2001년 11월 28일 제2001-000259호
주소 | 10881 경기도 파주시 회동길 325-20
전화 | 편집부 (02)324-2347, 경영지원부 (02)325-6047
팩스 | 편집부 (02)324-2348, 경영지원부 (02)2648-1311
e-mail | jamoteen@jamobook.com

ISBN 978-89-544-5314-1 44410
       978-89-544-5196-3 (세트)

• 잘못된 책은 교환해 드립니다.